미식 동남아

일러두기

1. 이 책에 등장하는 인물·지역·음식 이름 등은 국립국어원의 외래어 표기법을 따르되 현지 음에 가깝게 표기하였습니다.

2. 이 저서는 2022년 대한민국 교육부와 한국연구재단의 지원을 받아 수행된 연구입니다(NRF-2022S1A5C2A01093243).

미식 동남아

24가지 요리로 배우는
동남아시아의 역사와 문화

현시내 지음

Salad

Fried Rice

Bowl

Noodle

Dessert

Southeast
Asia

미식 동남아

ⓒ 현시내, 2024

초판 1쇄 인쇄 2024년 11월 28일
초판 1쇄 발행 2024년 12월 13일

지은이 현시내
펴낸이 이상훈
인문사회팀 최진우 김지하
마케팅 김한성 조재성 박신영 김효진 김애린 오민정

펴낸곳 ㈜한겨레엔 www.hanibook.co.kr
등록 2006년 1월 4일 제313-2006-00003호
주소 서울시 마포구 창전로 70(신수동) 화수목빌딩 5층
전화 02-6383-1602~3 **팩스** 02-6383-1610
대표메일 book@hanien.co.kr
ISBN 979-11-7213-165-4 03910

태국의 언어, 음식, 역사를 가르쳐주신
깐니까 선생님께 이 책을 바칩니다.
많이 그립습니다.

머리말
동남아시아를 알아가는 나만의 방법

    세계 경제 대공황의 여파가 제2차 세계 대전으로 이어지기
시작할 무렵 미국의 영양학자 빅터 린들러(Victor Hugo Lindlahr)는
《당신은 당신이 먹는 것이다(You are what you eat)》라는 책을 냈다.
출간 당시에는 그리 명성을 얻지 못했지만 훗날 많은 이에게 영
향을 미쳤다. 1960년대에 미국에 히피 문화가 유행하면서 유기
농 재료로 만든 음식을 먹자는 운동이 확산했고, 사람들은 "당
신은 당신이 먹는 것이다"라는 슬로건을 내걸었다.

    나는 이 표현을 미국에서 태국어를 공부할 때 처음 알게 되
었다. 새로운 언어 배우기를 좋아해서 금방 따라갈 수 있으리라
생각했는데 생소한 태국어 발음에서 제동이 걸리고 말았다. 그
때 태국어 선생님이 농담 반 진담 반으로 태국 음식을 자주 먹
으면 태국 사람처럼 발음하게 될 거라며 "당신은 당신이 먹는

싱가포르 골든마일타워(Golden Mile Tower)에 있는 태국 슈퍼마켓에서 구한 재료들

것이다"라는 표현을 쓰셨다. 생각해보면 정말 그렇다. 음식은 그 나라 말과 가장 가깝다. "단짠 단짠"이라는 표현이 피자와 콜라보다는 불닭볶음면과 빙수 조합에 어울리는 것만 봐도 알 수 있다. 설렁탕에 깍두기를 먹을 줄 아는 어느 외국인은 한국 유튜버들의 '먹방'을 보며 한국어를 배웠다고 한다. 이들의 말은 한국어 학원에서 배운 사람들보다 자연스럽다. 그 나라 음식을 배우고 먹는 게 곧 문화를 알아가는 과정이라는 걸 그렇게 알게 되었다.

한편으로는 음식 문화가 사람들에게 원초적 소속감을 가져다준다는 생각도 들었다. 한국에서는 1990년대 초에 〈신토불이〉라는 노래가 한창 유행했다. 자기가 태어난 땅에서 키운 음식 재료가 더 잘 맞으니, 우리 농산물을 먹자는 내용이었다. 우

필자에게 태국의 언어와 문화를 가르쳐주셨던 깐니까 선생님과 함께

루과이 라운드 타결에 이어 수입 농산물이 밀물처럼 밀려들 무렵 한국 농업 지키기 운동의 상징과도 같은 노래였다.

　몸과 땅(음식)이 하나라는 말처럼 한국 요리는 오랜 타지 생활 속에서 문득 그리운 고향을 생각나게 했다. 가족과 함께 이런저런 이야기를 나누며 먹었던 콩나물 된장국과 고등어조림이, 친구들과 신나게 수다를 떨면서 먹었던 해물파전과 동동주가 미치도록 그리웠다. 한편 현지에서 만난 음식은 내게 새로운 고향을 만들어주었다. 20여 년 가까이 공부한 동남아시아를 매번 새롭게 느끼게 하는 것도 음식과 그 음식이 만들어낸 문화였다.

　한자 문명권으로 묶인 한국, 중국, 일본 등과 달리 동남아시아는 역사도, 민족도, 언어도, 문화도, 풍습도 엄청나게 다양하다. 15세기 말부터 이 지역에 몰려든 서구 제국주의자들은 향신

미식 동남아

싱가포르 난양 공과대학교 학생 식당에서 먹은 무슬림 정식

료를 비롯한 희귀 작물 무역으로 큰돈을 벌었다. 부를 독점하고
자 인도양과 태평양을 잇는 거점을 만들고 해외 시장을 개척하
는 한편, 식민지 건설에 열중했다. 그 결과 20세기가 되기도 전
에 현 태국을 제외한 거의 전 지역이 서유럽과 미국의 지배에
놓이게 되었다. 식민지에는 이전에 경험하지 못한 새로운 문화
가 유입되었다.

　인도와 중국의 문명이 교차하고 아랍 상인들이 자유롭게 드
나들던 지역에 유럽 문화까지 더해지니 하나의 문명이나 구조
로 이해하기가 어려워졌다. 매력적이면서도 복잡하고 낯선 동
남아시아 역사와 문화를 한국의 독자들에게 어떻게 소개하면

인도네시아의 족자카르타 호텔에서 먹은 까레독

좋을지 고민스러운 지점이 아닐 수 없다. 결국 가장 원초적이면서도 직접 경험이 가능한 '음식'에서 시작하기로 했다.

요즘은 동남아시아 음식을 예전보다 자주 접할 수 있다. 여행이나 음식 프로그램 등에서 소개되기도 하고, 이주민과 동남아시아 음식에 관심 있는 한국인을 대상으로 한 음식점도 생겨났다. 내가 처음 동남아시아 음식을 접했던 20년 전보다는 훨씬 나아졌지만, 여전히 동남아시아 음식은 낯설다. 방송에도 맛과 향이 독특한 '이국적인 별미'로 다뤄진다. 그 음식을 둘러싼 역사와 정치 그리고 문화는 아주 짧게 단편적으로 소개된다. 마치 외국에서 김치가 한국인의 소울 푸드(soul food)로 소개되곤 하지만 전라도 김치와 강원도 김치의 차이에는 관심이 없는 것과 비슷하다.

미식 동남아

태국 방콕에서 먹었던 이싼 음식들

　이와 비슷한 사례가 동남아시아의 인기 음식인 파파야 샐러드다. 캄보디아에서도, 베트남에서도, 라오스에서도 흔히 찾아볼 수 있지만 대부분 태국 음식으로 알고 있다. 엄밀히 따지면 라오스가 기원이지만, 태국을 찾는 수많은 해외 관광객이 '태국식' 파파야 샐러드를 먹고 이를 원조로 생각하게 된 것이다. 그러나 우리가 생각하듯 '태국식'이 파파야 샐러드의 전부는 아니다. 캄보디아나 라오스, 베트남에서도 그들만의 특색과 역사가 녹아 있는 파파야 샐러드가 있다. 우리나라 김치만 보더라도 양념마다 지방 고유의 특색이 있듯이 말이다. 그런데도 태국이 원조로 알려진 건 좀 불공평하다는 생각이 든다.

이 책을 쓴 일차적 목적은 '음식으로 맛보는 다문화 체험'에 있다. 재료는 나의 경험이다. 예전에 15년간 타지 생활을 하면서 동남아시아 친구들과 종종 만들어 먹었던 가정식, 현지 조사를 할 때나 출장을 갈 때면 반드시 찾았던 음식들 이야기를 풀어보려 한다. 다만, 여기 수록된 음식에는 기준이 있다. 첫 번째는 '내가 직접 먹거나 만들어본 것'이다. 맛도 모르고 만드는 법도 알지 못하는 음식을 소개하는 것보다는 그편이 나으리라는 기대 때문이다. 그렇다고 해서 요리책처럼 전문적으로 혹은 학술서처럼 진지하고 심각하게 그 기원이나 조리법을 소개하지는 않는다. 대신 식재료의 기원처럼, 그 음식을 둘러싼 역사적·문화적 배경 등을 소개하는 데 초점을 두었다. 물론 내 이야기도 빠지지 않는다. 그 음식을 접하게 된 계기나 관련 일화를 통해 거리에서 쉽게 접하는 다양한 요리들을 현지인들은 어떻게 소비하는지, 그들에게 그 음식이 어떠한 의미가 있는지 등을 기억을 더듬고, 빛이 바랜 일기장을 찾아보며 이야기했다. 나 같은 '타인'이 음식을 통해 그 나라의 문화를 어떻게 이해하고자 했는지도 이야기했다.

두 번째 기준은 친근함이다. 되도록 한국에서도, 동남아시아에서도 쉽게 찾을 수 있고 거부감 없이 먹을 수 있는 음식을 선정했다. 많은 사람이 이 책을 읽고 동남아시아에 대한 관심이 높아졌으면 하는 바람 때문이다. 사적인 관심이든 공적인 지원이든 한 나라 혹은 한 지역과 가까워지려면 그 역사와 문화, 정

미식 동남아

치, 사회 전반에 대한 이해가 필요하다. 물론 이러한 기대를 책 한 권으로 충족시킬 수 없다는 걸 안다.

필자로서 내 바람은 소소하다. 피시 소스(액젓)를 넣기 전과 후의 맛이 다르듯, 책장을 덮고 나면 당신의 동남아시아가 조금은 달라져 있었으면 좋겠다. 그렇게 더 가깝고 알고 싶고 친숙하게 느껴지는 세계가 한 군데 더 생겼으면 좋겠다. 당신의 지식이 그 음식의 고향을 달리 보게 만드는 경험을 통해서 말이다.

차례

2부. 이주민의 애환이 담긴 고향의 맛:
국수 이야기

5부.　아시아를 닮은 행복의 맛: 디저트 이야기

1부

❖❖❖❖❖❖❖❖❖❖❖❖

개성이 담뿍 담긴 천연의 맛
-샐러드 이야기

❖❖❖❖❖❖❖❖❖❖❖❖

태국 파파야 샐러드 쏨땀

파파야 샐러드 '쏨땀'은 내가 가장 아끼고 그리워하는 동남아시아 음식이다. 김치를 찾기 힘들어서 그랬는지 타국에서 지낼 때 파파야 샐러드를 자주 만들어 먹었다. 한국에서는 재료인 그린 파파야와 라임을 구하기가 그리 쉽지 않고 가격도 만만치 않지만, 동남아시아나 남아메리카에는 지천으로 널려 있어 저렴하게 구할 수 있다. 태국에서 지낸 시간이 긴 만큼 태국식(땀 타이) 파파야 샐러드를 제일 많이 먹었겠지만, 사실 나는 전라도식 김치처럼 액젓 맛이 강하고 콧등에 땀이 송골송골 맺힐 정도로 매운 라오스식(땀 라오)을 좋아한다. 그래서 파파야 샐러드가 어디서 시작했는지, 태국식과 라오스식은 어떻게 다른지를 먼저 이야기해볼까 한다.

태국은 특별 행정 구역인 방콕을 제외하고 총 76개 주로 이루

게장이 들어간 파파야 샐러드

어졌는데, 역사적으로나 문화적으로는 크게 북부, 중부, 동북부
그리고 남부, 이렇게 네 지역으로 나뉜다. 현 수도인 방콕은 18
세기 버마의 침략 전쟁으로 몰락한 아유타야 왕조 귀족들이 지
금의 짜끄리 왕조를 세운 곳으로 중부 지역에 속한다. 북부 지
역은 13세기부터 '란나(백만 개의 논이라는 뜻)' 제국이 지배했었는
데, 치앙마이는 건국 시기부터 수도였다. 결국 19세기 말에 짜
끄리 왕조에 굴복하게 되지만, 여전히 치앙마이를 중심으로 한
태국의 북부 지역 문화에서 란나 제국의 영향을 쉽게 찾아볼 수
있다. 남부는 '끄라 지협(Kra Isthmus)' 아래 지역으로 말레이 문화
와 중국 화교의 영향이 강하게 남아 있다.

마지막이 태국에서 흔히 '이싼'으로 불리는 동북부 지역인데, 바로 여기가 쏨땀의 고향이다. 파파야 샐러드는 라오스, 캄보디아, 베트남에서도 흔히 찾아볼 수 있는 일종의 겉절이 같은 음식으로 동남아시아에 살거나 자주 여행하는 사람들은 이를 '태국 김치'쯤으로 여긴다. 다른 나라로서는 조금 억울할지도 모를 일이다. 다행히 지금까지는 라오스, 캄보디아, 베트남, 태국 간에 종주국 논쟁이 크게 불거진 적은 없다.

쏨땀이라는 이름은 라임이나 레몬 같은 과일에서 나오는 신맛을 의미하는 태국어 '쏨'과 '찧는다'는 의미의 태국어 '땀'의 조합에서 나왔다. 즉 '찧어 만든 신 음식'이라는 뜻이다. 태국에서는 흔히 불로 조리가 되지 않은 생채소를 찧거나 썰어서 소스와 버무리는 음식을 샐러드로 분류하는데, 파파야 샐러드가 대표적이라고 할 수 있다. '찧는다'는 이름에 걸맞게 대부분 쏨땀을 '크록'으로 불리는 돌절구를 이용해서 만들기에 부드럽게 다져진 음식으로 생각하기 쉽지만, 실제로는 마늘, 고추, 건새우, 설탕 혹은 팜 설탕(palm sugar) 등을 찧어 라임즙과 피시 소스를 넣은 다음 이를 길게 채 썬 파파야와 토마토 등과 함께 살살 버무리는 방식으로 만든다.

쏨땀이라는 태국의 대표적인 샐러드 요리를 이해하기 위한 키워드는 이싼(태국 동북부 지역) 그리고 짠맛을 내는 주재료인 피시 소스(액젓)다.

방콕에서 이싼식 돌절구(크록)를 이용해 쏨땀을 만드는 거리 상인

이싼의 정체성과 쏨땀의 역사

짜끄리 왕조 이전 아유타야 왕조(1350~1767)는 북쪽으로는 수
코타이 왕국, 동쪽으로는 란상 제국과 크메르 제국 그리고 남
쪽으로는 말레이 왕국들에 둘러싸여 있었다. 이 중 동쪽의 란
상 제국이 태국 동북부 지역을 18세기까지 지배했고, 이후 프랑
스가 남베트남을 시작으로 식민 통치를 확장해간다. 이 과정에
서 짜끄리 왕조가 지배하던 시암 왕국(현 태국, 1938년 이전 태국의 정
식 명칭)과 충돌하면서 이 지역은 말 그대로 프랑스와 시암의 전

미식 동남아

쟁터가 되었다. 결국 20세기 초 짜끄리 왕조는 메콩강 서쪽 지역에 시암 왕국의 깃발을 올리는 데 성공하지만, 지역민 다수는 여전히 자신을 란상 제국의 역사적 유산을 물려받은 라오인으로 인식했다. 시암 정부는 이들을 태국인으로 만들려고 다양한 동화 정책을 쓰는데, 그중 하나가 '동북부'라는 뜻의 범어에서 파생한 '이싼'이라는 호명이었다. 즉 '라오'라는 민족적·문화적 정체성을 대체할 '이싼'이라는 새로운 지역 정체성과 문화를 만들어낸 것이다.

그렇게 20세기에 새로 만들어진 이싼이라는 지역적 정체성은 태평양 전쟁과 냉전을 겪으며 변해왔다. 특히 베트남 전쟁이 한창이던 1960년대와 1970년대에는 메콩강을 따라 다수의 미군 기지가 생기면서 이싼 지역은 동남아시아 냉전의 전초 기지가 되었다. 방콕과 이싼 사이에 수많은 고속도로가 개통되고, 미군 기지를 지원하기 위한 발전소 같은 기간 산업도 발전했지만, 또 한편으로는 우리나라의 기지촌처럼 유흥 산업이 성행했다. 급격한 산업화는 이농 현상으로 이어졌고, 농사지을 땅을 잃은 가난한 농부들과 대도시에서 더 나은 기회를 찾으려는 젊은이들이 방콕으로 모여들었다.

이싼에서 방콕으로 이주한 이들 중 상당수는 태국의 대표적 교통수단으로 알려진 '뚝뚝'이라는 삼륜 택시를 모는 운전사가 됐다. 이들을 포함해 고된 노동을 마친 저소득층 일일 노동자들은 하루의 피로를 풀려고 무아이타이('무에타이'라고 발음한다) 복싱

장으로 모여들었다. 이싼 출신 이주민들은 근처에 포장마차를 열고 고향 음식인 찹쌀밥(카오니아오), 파파야 샐러드, 간 고기로 만든 고기 샐러드(랍), 구운 닭고기(까이 양) 등을 팔았다. 이렇게 쏨땀(이싼식 이름으로는 '땀막훙')은 방콕의 길거리 음식이 되었고, 오늘날 태국을 대표하는 요리 중 하나가 되었다.

맛의 차이를 내는 피시 소스

맛있는 파파야 샐러드를 만들려면 파파야(말라꺼)와 토마토(마크아텟), 긴 껍질 콩(투아팍야오) 등 주재료가 신선해야 한다. 가장 중요한 것은 단맛, 짠맛, 신맛, 매운맛, 이 네 가지 맛의 조화다. 단맛은 보통 팜 설탕이나 정제 설탕으로 내고, 신맛은 라임이, 매운맛은 외양은 짧고 통통해서 귀여워 보이지만 그 맛은 잔인하기 이를 데 없는 쥐똥고추(프릭키누)가 담당한다.

이싼식 혹은 라오식 파파야 샐러드와 태국 전역에서 먹을 수 있는 쏨땀의 차이는 짠맛을 내는 피시 소스의 종류에 달려 있다. 흔히 우리가 접하는 태국식 파파야 샐러드는 멸치 액젓으로 간을 맞춘다. 동남아시아 액젓은 나무통에 소금으로 절인 멸치나 작은 생선을 늘어놓아 발효시키는 방식이다. 이 과정에서 삼투압 현상으로 발생하는 끈끈한 액체를 모아 만든다.

태국 동북부 이싼 지역을 비롯하여 라오스·캄보디아·베트남

태국식 쁠라 라, 라오스에서는 쁠라 덱으로 불리는 피시 페이스트
©Karen Apricot from flickr.com

등지에서는 피시 소스 외에도 '피시 페이스트'를 사용한다. 이는 발효시킨 멸치나 민물 생선 등을 으깨거나 썰거나 갈아서 만들기에 피시 소스보다 훨씬 점도가 높고 냄새도 강하다. 태국 표준어로 '쁠라(태국어로 물고기)'라고 부르는데, 냄새가 너무 강하고 방콕 출신 태국인 다수는 그 식감에 익숙지 않아 선호하지 않는다. 그래서 우리가 흔히 방콕이나 태국 전역에서 접할 수 있는 쏨땀은 피시 소스가 들어간 '땀 타이', 즉 타이식으로 찧은 파파야 샐러드다. 이싼식 파파야 샐러드를 맛보려면 피시 페이스트가 들어간 '쏨땀 쁠라 라' 혹은 '라오식으로 찧어 만들었다'는 의미의 '땀 라오'를 주문해야 한다.

김치도 서울식, 전라도식, 경상도식이 있고, 배추 대신 봄동이나 얼갈이로 만든 김치와 겉절이가 있듯이 태국의 쏨땀도 종류가 많다. 파파야 대신 왕귤류인 포멜로를 넣어 만든 '쏨오'가 있고, 오이가 들어간 '땀뗑(오이)'이 있다. 민물 게 액젓과 피시 페이스트가 들어간 '쏨땀 뿌(게) 쁠라 라'나 피시 페이스트 대신 새우 페이스트가 들어간 '쏨땀 까삐(새우 페이스트)'도 있다. 이처럼 파파야 샐러드의 종류는 어떻게 짠맛을 내느냐에 따라 달라진다.

개인적으로 파파야 샐러드 하면 떠오르는 영화가 있다. 바로 2003년 개봉한 〈라스트 라이프 라스트 러브(Last Life in the Universe)〉(태국어 제목은 '르앙락 너이닛 마하산')이다. 태국 영화를 세계에 알린 뻰엑 라타나루앙 감독의 작품으로 어두운 과거를 잊으려 애쓰는 일본 남자(아사노 타다노부)와 여동생을 잃은 태국 여자(다란 분야싹)가 주인공이다. 영화에는 음식이 매우 중요한 영화적 장치로 등장한다. 이들이 함께 음식을 먹는 장면은 앞으로 있을 사건의 복선처럼 깔린다. 특히 맵고 자극적인 태국 음식을 꺼려 식당에서 평범한 볶음밥과 국수만 먹던 남자 주인공이 여주인공이 추천한 맵고, 시고, 짠 파파야 샐러드를 먹는 장면은 심리적 변화와 함께 달라진 주인공의 삶을 상징적으로 보여준다.

내게도 음식은 중요한 상징이다. 이를테면 파파야 샐러드는 동남아시아라는 고향에 돌아왔음을 알려주는 표지판이다. 수완나품 공항이든 호텔 근처 노상이든 파파야 샐러드 한 접시를 먹고 나서야 '아! 내가 돌아왔구나' 하는 생각이 든다. 앞으로 해

방콕 아리 거리의 라오스 식당에서 먹은 '땀 루앙프라방'

야 할 일들로 머리는 복잡하지만, 그만큼 즐겁고 설레기도 하는
건 파파야 샐러드의 단맛, 짠맛, 신맛 그리고 매콤한 맛이 내 삶
의 파워 스위치를 제대로 눌러주기 때문이다.

미얀마 찻잎 샐러드 렛펫또

　방콕의 카오산 로드. 태국을 찾는 전 세계 배낭 여행객이 저렴한 숙소, 저렴한 여행 패키지, 그리고 저렴한 항공권을 구하려고 몰려드는 곳이다. 나도 처음 태국에 갔을 때 카오산 로드의 게스트하우스를 이용했다. 2008년 학회에 참가하기 위해 다시 방콕을 찾았을 때는 카오산 로드의 작은 게스트하우스 '시크릿 가든'에 머물다가 그곳에서 '닛'이라는 양곤 출신의 미얀마 친구를 만났다. 20대 초반이던 닛은 소위 '불법 이주 노동자'였다. 양곤에서 대학까지 나온 그녀가 어쩌다 카오산 로드 게스트하우스에서 불법 이주 노동자로 일하게 되었는지 다 설명할 수 없지만, 짧은 시간 동안 우리가 쌓았던 깊은 우정만큼은 기억하고 있다. 떠듬떠듬 미얀마어로 대화를 시도하던 나를 항상 반겨주던 그 친구가 무척 고마웠고, 무언가 보답하고 싶었다. 그래

유자나 브랜드의 렛펫또 패키지. 다양한 종류의 콩과 튀김 그리고 발효한 찻잎 '렛펫'이 들어 있다. ⓒDavid Dettmann

서 나는 곧 양곤에 갈 예정이니 혹시라도 가족들에게 보낼 편지나 선물이 있다면 부탁해도 좋다고, 꼭 전해주겠다고 약속했다.

양곤으로 떠나기 전날, 그녀는 급하게 나가서 산 듯한 선물들과 편지 한 통을 가져왔다. 나는 약속대로 양곤에 도착하자마자 그날 저녁 게스트하우스에서 일하는 직원의 도움으로 닛의 집에 갔다. 닛의 환한 미소를 닮은 그녀의 어머니와 두 여동생의 환대를 받으며 부탁받은 선물, 편지와 함께 방콕에서 미리 현상해둔 닛의 사진들을 전했다.

열흘 뒤, 다시 방콕으로 돌아가기 위해 짐을 싸는데 게스트하우스 직원이 밖에서 나를 불렀다. 나가 보니 닛의 여동생들이 언니한테 가져다주라면서 정성스레 싼 꾸러미들을 건넸다. 내게도 비닐 꾸러미를 하나 주었는데, 열어보니 렛펫이었다.

렛펫은 발효한 찻잎으로, 음료로 마시기도 하고 음식 재료로도 쓴다. 미얀마 사람들에게 렛펫은 아주 특별한 의미가 있다. 전 세계적으로 찻잎을 발효해서 음식 재료로 사용하는 일 자체가 매우 드물다. 중국에서 기원했다고 알려진 차 문화는 16세기 이후 포르투갈 사제들이 유럽에 알리기 시작하면서 전 세계로 퍼졌다. 중국어 '차(茶)'와 포르투갈어 '샤(chá)', 중국 방언인 '떼' 등이 어원이라 차, 떼, 차이 혹은 티 등 유사한 발음으로 불리는 차는 유독 미얀마에서 '렛펫'으로 불린다.

미얀마 시내 곳곳에 펼쳐진 노상 카페에는 거의 모든 테이블에 찻주전자와 컵이 있고, 둘러앉아 신나게 수다를 떠는 사람들을 볼 수 있다. 마치 한국에서 더운 여름날 시원한 생맥주를 들이켜는 사람들처럼 미얀마 사람들은 차를 마신다. 사는 이야기부터 곳곳에 숨어 있을지도 모르는 정찰병들이 듣지 않았으면 하는 은밀한 이야기들까지 차를 마시며 나눈다. 그래서 미얀마에는 "찻주전자 하나 놓고 이야기를 나누다 보면 마을이 탄생한다"라는 속담까지 있다.

'렛펫또'는 렛펫으로 만든 음식이다. 태국의 파파야 샐러드처럼 미얀마 어느 거리, 어느 식당에서나 흔히 찾아볼 수 있다. 렛펫또를 제대로 음미하기 위해서 먼저 렛펫의 역사와 상징성을 알아보자.

미식 동남아

"모든 이파리 중에서는 렛펫이 최고"

미얀마의 렛펫은 녹차나 홍차, 우롱차만큼이나 역사가 유구하고 종류도 다양하다. 미얀마의 차 원산지이자 주산지는 중국과 국경을 마주한 샨주다. 고대부터 샨주 토착민들이 어린 찻잎을 대나무 통이나 바구니에 넣고 발효시켜 먹은 것이 발효차 문화의 기원이라고 한다. 이후 고대 왕국이 상좌부 불교(흔히 소승불교라 불리는 불교의 한 분파. 대승 불교보다 부처의 계율을 더 엄격하게 원칙대로 고수한다)를 받아들이면서 종교 의식에서나 공식 행사에서 술 대신 차를 권장했다. 불교의 확산과 함께 이러한 차 문화도 미얀마 전역으로 퍼져 나갔다.

역사적으로 발효차는 왕국 간 전쟁이 일어났을 때 갈등을 해소하고 평화를 선언하는 의미로 주고받았다. 렛펫을 평화의 상징으로 사용하는 전통은 계속 이어져 법원에서 평결 발표 전에 고소인과 피고인이 같은 접시에 담긴 렛펫을 먹음으로써 결정에 따르겠다는 뜻을 보인다고 한다. 또한 미얀마인들은 '나'라고 불리는 토속 정령에게 발효된 찻잎을 제물로 바친다.

중매인들은 상견례 때 긴 대나무 용기에 렛펫을 넣어 예비 신붓집에 가지고 갔다가 절차가 끝나고 결혼식이 결정되면 예비 신랑 가족과 함께 나누어 먹는다. 약혼식 당일에는 신부의 가족과 약혼식의 증인으로 초청된 7명의 이웃에게 렛펫을 선물한다고 한다. 그 외에도 성인식의 일환으로 소녀들이 귀를 뚫을 때

양곤식 렛펫또 ©Wagaung from en.wikipedia.org

나 마을 공식 행사에서도 렛펫을 증정한다. 이렇게 렛펫은 음식 재료로 쓰일 뿐만 아니라 미얀마 사회의 상생과 공존을 상징하는 역할을 한다.

미얀마 사람들은 종종 "모든 과일 중에서는 망고가 제일 맛있고, 모든 고기 중에서는 돼지고기가 최고며, 모든 이파리 중에서는 렛펫이 최고"라고 한다. 사실 찻잎은 본래 쓴맛을 가지고 있어서 아무리 가공하고, 밀크티처럼 우유에 시럽을 가득 넣어 먹어도 호불호가 갈릴 수밖에 없다.

렛펫이 쓴맛을 극복한 방법은 바로 발효와 절임이다. 잘 선별된 어린잎을 5분간 찐 뒤에 이 중에서 다시 신선한 잎만을 골라 항아리에 넣고 그 위에 돌을 얹어 물기를 완전히 짜낸다. 이렇게 정성스럽게 선별하여 발효시킨 찻잎들이 완전한 렛펫으로

미식 동남아

태어나기까지는 3~4개월의 시간이 걸린다. 발효 과정에서 찻잎의 색깔, 질감(연성도), 그리고 산도가 달라진다. 발효가 끝나면 찻잎을 잘 씻은 뒤 말려서 마늘, 고추, 소금, 레몬즙과 식용유 등으로 절인다. 그러면서 찻잎 특유의 텁텁하고 쓴맛이 자연스럽게 사라져 차로 마시든 샐러드로 만들어 먹든 거부감이 적어지는 것이다.

미얀마의 현실을 닮은 렛펫또

역사적·상징적 의미가 있다고 해서 렛펫이 제사나 명절에만 먹을 수 있는 특별한 음식은 아니다. 렛펫은 가정집에서 손님이 왔을 때 차와 함께 내어놓는 가장 대표적인 간식이다. 렛펫또처럼 조리된 음식을 흰쌀밥 위에 얹어 먹으면 밥도둑이 따로 없다.

태국의 쏨땀처럼 렛펫또도 지역마다 그 조리 방식과 재료가 다른데, 만달레이식과 양곤식이 가장 많이 알려져 있다. 앞서 말한 것처럼 종교 의식이나 공식 행사에서 많이 쓰이는 만달레이식은 우리나라 구절판같이 여러 개의 찬합이 들어 있는 용기 가운데에 렛펫을 놓고 그 주변으로 참깨, 생마늘, 고추, 땅콩, 건새우 등을 올린다. 모든 재료를 늘어놓고 각자 취향에 따라 샐러드를 만들어 먹는 것이 전통적인 방식이라고 한다. 개성을 존중하는 전통이 그 안에 담겼다. 반면에 양곤식은 이 모든 재료

치앙마이 님만해민 거리의 미얀마 식당에서 파는 렛펫또

한국에 사는 미얀마 친구가 집에서 직접 만든 렛펫또

미식 동남아

를 섞어 먹는다. 내가 미얀마어 선생님께 배운 조리법은 이렇다. 먼저 카놀라유나 땅콩기름 같은 식용유와 라임즙에 렛펫을 절인다. 그런 다음에 큰 용기에 절인 찻잎과 잘게 썬 양배추와 토마토, 생마늘, 땅콩, 깨, 건새우를 넣은 뒤 식용유와 피시 소스를 버무려 먹는다.

미얀마의 한 유명 작가는 "바삭한 식감이 느껴지는 재료와 부드러운 렛펫을 입 안에 넣고 천천히 음미하다가, 생마늘의 쓴맛과 고추의 매운맛이 느껴질 때 따뜻한 차 한잔을 마시면 모든 의식이 완성된다"라고 말했는데, 렛펫또의 매력을 가장 잘 설명하는 표현인 것 같다. 생마늘의 쓴맛을 싫어하는 이들은 마늘만 따로 구워서 넣기도 하지만, 나는 마늘이나 쥐똥고추의 매운맛과 아삭한 식감이 좋아서 미얀마어 선생님이 전수해준 레시피를 따른다. 특히 동남아시아에서 주로 생산되는 안남미(인디카쌀)로 밥을 지은 후, 살짝 식혀서 아주 뜨겁지 않은 가늘고 얇은 쌀밥 위에 렛펫또를 섞어 먹으면 마치 한국에서 송송 썬 갓김치에 참기름을 두르고 밥을 비벼 먹는 것 같은 식감이 나서 좋다.

개인적으로 너무나도 좋아하는 샐러드지만 그리 자주 먹지는 못한다. 렛펫 구하기가 어렵기 때문이다. 발효 식품이기에 보관이 쉬워 다양한 포장 상품이 나와 있지만 미얀마나 미얀마 노동자와 난민이 밀집한 태국 북부 국경 지역 외에서는 쉽게 볼 수 없다. 직접 만드는 방법이 있기는 한데, 여간 귀찮은 일이 아니다. 미국의 슈퍼마켓에서는 파파야 샐러드드레싱이나 김치

2021년 양곤 반쿠데타 시위 현장에서 렛펫또와 삶은 콩을 파는 상인
ⓒMaung Sun from en.wikipedia.org

만드는 양념도 팔던데 미얀마의 가장 대표적인 음식 중 하나인 렛펫또는 없다. 한국에서 미얀마 음식을 먹으려면 미얀마 이주 노동자나 난민이 사는 인천시 부평 지역에 가야 한다. 고립된 지역은 음식도 만날 수 없다. 음식이 그 나라의 정치·경제적 상황과 얼마나 밀접한지 생각하게 하는 지점이다.

열흘간의 짧은 미얀마 여행을 끝내고 방콕으로 돌아온 나는 닛을 만나 가족이 부탁한 선물 꾸러미를 건넸다. 열어 보니 미얀마 요리에 쓰는 향신료와 렛펫 패키지 위로 편지 한 통이 놓여 있다. 조심스럽게 집어 들어 편지를 읽던 닛의 볼 위로 굵은

눈물이 떨어지기 시작했다. 아직도 렛펫또를 먹을 때면 그때의 눈물이 생각난다.

2021년 일어난 군부 쿠데타는 그렇지 않아도 동남아시아 국가 중 유독 폐쇄적이던 미얀마의 문을 다시 한번 굳게 걸어 잠갔다. 미얀마인뿐만 아니라 미얀마를 아끼는 수많은 사람이 반쿠데타 시위의 상징인 세 손가락을 SNS 대문에 걸어놓고 하루빨리 그곳으로 돌아갈 수 있기를 바라고 있다. 나도 다시 미얀마에 돌아가 거리 식당에서 렛펫또를 먹을 수 있는 날이 오기를 기다린다.

인도네시아 땅콩 소스 샐러드 가도가도

1만 7000여 개의 섬으로 구성된 인도네시아는 서쪽에서 동쪽 끝까지 거리가 총 5100킬로미터, 북쪽에서 남쪽 끝까지 거리가 1800킬로미터에 이르는 전 세계에서 가장 큰 섬나라다. 인도양과 태평양 한가운데에 있어 기본적으로 열대 기후에 속하지만 국토가 워낙 넓어 위도에 따라 기후가 다르고 1300여 개의 민족이 저마다의 역사와 문화를 간직한 채 공존한다. 상황이 이렇다 보니 '인도네시아 대표 음식'을 꼽기란 사실상 불가능해 보인다.

그럼에도 인도네시아 관광부는 2018년 인도네시아 대표 음식 다섯 가지를 선정하여 홍보하기 시작했다. 굳이 대표 음식을 선정한 이유는 관광객들이 여행 경비의 30~40%를 식비로 지출하는 만큼 관광지는 물론 음식에 대한 홍보가 중요하기 때문이라고 강조했다. 그렇게 선정된 음식이 '소토(수프 종류)' '른당(고

파당 정식 차림. 맨 앞쪽 위 접시에 가도가도가 담겨 있다. ⓒ정정훈

기 조림)' '사떼(고기 꼬치구이)' '나씨고렝(볶음밥)' 그리고 '가도가도'
다. 가도가도는 "혼합물 혹은 뒤죽박죽"이라는 뜻인데, 데치거
나 살짝 찐 여러 종류의 채소를 땅콩 소스에 버무려 먹는 샐러
드 요리다.

17세기 자바섬에서 시작된 혼종 요리

가도가도라는 음식의 기원에 관한 설은 여러 가지지만, 자바
섬, 특히 현 수도인 자카르타 근처에서 시작되었다는 것에 대해

서는 대체로 동의한다. '가도'라는 말은 '디가도(digado)'에서 파생되었다는데, 이는 자카르타에서 자바인에 이어 두 번째로 큰 원주민 집단으로 알려진 베타위인 언어로, '밥 혹은 쌀이 들어가지 않는다'는 뜻이라고 한다. 즉 주재료가 쌀이 아니다. 이를 근거로 역사에서 유래를 찾는 사람들도 있다. 17세기 초 마타람왕국의 술탄 아궁(Sultan Agung)이 바타비아(자카르타의 옛 지명)를 침공한다. 당시 그곳에서 사업을 확장하던 네덜란드 동인도회사는 인근 지역의 논을 모두 태워버려 전쟁 식량을 고갈시켰다. 원정 온 군인들은 쌀을 구할 수 없어서 마을이나 밭에 남아 있는 채소들을 모아 땅콩 소스에 버무려 먹었고, 이를 나중에 거리 상인들이 만들어 팔기 시작하면서 밥 없이 먹는 가도가도라는 음식이 생겨났다고 한다.

어떤 사람들은 17세기 자바섬 '투구'라는 마을에 정착한 포르투갈인들이 먹던 땅콩 소스로 만든 음식에서 기원을 찾는다. 이들은 가도가도가 '혼합된'이라는 뜻의 포르투갈어라고 주장한다. 땅콩 소스를 사용하는 모든 인도네시아 요리가 포르투갈식이라고 말하는 이들도 있고, 어떤 이는 그전에는 땅콩 소스를 안 쓰다가 19세기부터 넣기 시작했다고 본다. 자바섬에 정착한 중국 화인(華人)들이 땅콩 소스를 넣어 먹는 자바식 샐러드를 기반으로 만들었다는 설도 있다.

어찌 되었든 가도가도는 혼합성 혹은 혼종성과 떼려야 뗄 수 없는 관계에 있음이 분명하다. 가도가도는 그 이름처럼 재료나

미식 동남아

자바 지역 반둥 카페에서 먹은 땅콩 소스와 생선튀김이 가미된 가도가도 ⓒ박정훈

요리법이 다양하다. 주재료인 채소는 찌거나 살짝 데친 긴 껍질
콩, 양배추, 콩나물, 공심채, 옥수수와 감자 등이다. 여기에 인도
네시아의 청국장으로 불리는 '템페'나 두부, 삶은 달걀을 올리기
도, 양상추나 오이채 같은 생채소를 더하기도 한다. 요리사마다
선호하는 채소나 과일이 달라서 때로 여주나 잭프루트(Jackfruit)
처럼 향이 강한 재료를 넣은 독특한 가도가도가 만들어지기도
한다. 유래만 놓고 보면 '밥이 없는 음식'이지만, 요즘은 흰쌀밥
과 함께 먹거나 쌀을 바나나 나뭇잎에 싸서 찐 '론똥'이라고 불

리는 떡을 넣어서 먹기도 한다.

채소 위주라 샐러드로 알려진 가도가도는 '한 그릇 음식'에 가깝다. 전통적인 방식이라면 쌀이 안 들어가지만, 감자나 카사바(cassava) 같은 탄수화물이 들어가기 때문이다. 오히려 가도가도와 비슷한 '까레독'이나 '뻬쩰'이 샐러드에 더 가깝다. 뻬쩰은 사실 원조 가도가도라고 할 수 있다. 삶거나 데친 채소에 땅콩 소스를 끼얹어서 먹는 샐러드인데, 자바섬 중부 지역의 족자카르타(Yogyakarta, '요그야카르타'로도 표기)에서 유래했다고 한다.

자바섬의 역사 기록을 보면 이미 16세기 초에 닭 요리와 함께 먹는 뻬쩰 소스가 나오는데, 닭고기가 없으면 채소를 여기에 버무려서 먹었다고 한다. 어떤 역사학자는 뻬쩰이 물기를 없앤다는 뜻의 '디뻬쩰'에서 왔다고 주장한다. 16세기 마타람 왕국의 술탄이 족자카르타를 방문했을 때 아주 생소한 요리를 대접받았는데, 술탄이 무슨 요리냐고 물으니 "삶아서 물을 짜낸" 채소 음식이라고 하여 그때부터 이 요리가 '뻬쩰'로 알려졌다는 것이다.

뻬쩰과 가도가도의 사촌쯤 되는 까레독도 각종 채소에 땅콩 소스를 버무려 먹는다. 뻬쩰의 고향이 중부와 동부 자바라면 까레독은 서부 자바에서 먹기 시작한 음식인데, 생채소를 소스와 버무려 먹는다는 점에서 뻬쩰이나 가도가도와 다르다. 가도가도가 감자나 인도네시아식 발효 두부인 '뗌뻬'가 들어간 주요리라면 까레독은 튀긴 크래커나 론똥 혹은 쌀밥이 함께 나오는 반

족자카르타의 사나타 다르마 대학 근처 작은 식당(와룽)에서 파는 가도가도와 로떽
©Elisabeth Arti Wulandari

찬 같은 샐러드다. 역시나 족자카르타에서 먹기 시작했다는 '로떽'은 뻬쩰과 비슷한데 소스가 훨씬 더 달다. 중부 자바인들이 다른 지역보다 단 음식을 좋아했다는 설을 증명하는 음식이기도 하다.

이쯤 되면 문득 궁금해진다. 뻬쩰도 있고 까레독도 있는데 왜 굳이 가도가도라는 음식이 새로 만들어졌을까?

다양성을 버무려 하나의 맛으로

자바섬 자카르타는 과거 향신료를 찾으러 동남아시아로 흘러든 전 세계 상인들이 반드시 거쳐 가는 해상 무역의 중심지였다. 1511년에서 1600년 사이에 포르투갈과 스페인은 말라카(현 믈라카)와 마닐라에 기지를 두고 차례차례 동남아시아 섬을 정복·분할해 나갔다. 1600년에서 1660년 사이에 네덜란드 동인도회사는 50년간의 해전 끝에 스페인과 포르투갈을 '향신료 섬'에서 몰아내고 동남아시아 군도의 지배자가 되었다. 이들은 군사력을 동원하여 인도네시아의 향신료 무역을 독점하고 1720년 이후부터는 커피 무역을 독점한다.

무역이 활발해지면서 자카르타로 전 세계 사람들이 모여든다. 네덜란드와 영국의 동인도회사 직원이나 향신료 상인은 물론 노예들도 정착하게 되었다. 그렇게 자카르타는 순다(Sunda) 지역, 말레이(Malay) 지역, 부기스(Bugis) 지역 등 외지에서 들어온 이주민이나 노동자들로 채워졌다. 이에 자카르타에서 태어나고 자란 원주민들은 자신들을 다른 아시아계 이주민들과 구분하기 위해 '바타비아 사람들'을 뜻하는 '오랑 베타위'라고 부르기 시작했다.

그렇다고 해서 이들이 외국인이나 타지인을 혐오했다는 뜻은 아니다. 오히려 문화적으로 개방적이었다고 할 수 있다. 가도가도 같은 음식도 다양한 재료를 땅콩 소스로 버무리듯이 혼

미식 동남아

파당의 전통 시장에서 파는 향신료 ©정정훈

합성을 수용하는 과정에서 발전했다고 보는 것이 더 정확할 것
이다.

　1945년 8월 17일 인도네시아 반식민주의 민족주의 지도자였
던 수카르노와 모하마드 하따는 인도네시아의 독립을 선포한
다. 그전에 수카르노가 일본이라는 든든한 힘을 배경으로 건국
의 5원칙 '빤짜실라'를 발표한 상태였다. 이 5대 원칙에는 포함
되지 않았으나, 인도네시아의 다양성을 대표하는 원칙이 있다.
바로 '다양성 속의 통일성(Bhinneka Tunggal Ika)'이다.

어디가 시작이고 어디가 끝인지 알 수 없는 국토와 누가 다수 민족인지 소수 민족인지를 알 수 없는 복잡한 인구 구성, 이를 반영하는 너무나도 다양한 문화적·사회적·경제적 차이는 통일된 하나의 민족 국가 구성의 가능성을 불투명하게 했다. 이런 상황에서 인도네시아 민족주의자들이 들고나온 게 바로 '다양성 속의 통일성'이라는 구호였다.

14세기에 쓰인 시조에 나오는 이 문구는 당시 인도네시아 민족주의자들의 절박함을 그대로 보여준다. '다양성 속의 통일성'이라는 문구는 가루다 빤짜실라로 불리는 빤짜실라 공식 문장(紋章)에 들어가 있고 인도네시아 헌법에도 명시되어 있다. 여기에는 다양한 민족과 문화, 종교, 사회, 경제, 정치 구성이 장애물이 아닌 인도네시아라는 통일 국가의 발전을 촉진하는 긍정적인 요소가 되기를 염원하는 메시지가 담겨 있다.

인도네시아가 다양성을 포용하는 통일 국가로 인정받기까지는 시간이 좀 더 걸렸다. 옛 식민주의의 영광을 잊지 못한 네덜란드는 1945년 제2차 세계 대전 종전 직후 인도네시아 재점령을 위한 공격을 단행했고, 인도네시아는 1949년까지 독립 전쟁을 이어 나간다. 그 사이에 자바섬의 중앙 집권적 정치에 대항한 지방의 저항은 확산되었고, 이는 수카르노가 초대 대통령으로 집권한 시기에도 계속되었다. 우리가 지금 알고 있는 인도네시아라는 하나의 민족 국가가 탄생하고 자리를 잡기까지 수십 년의 세월이 걸렸다. '가도가도'에 담긴 정신이 절실한 시간은

족자카르타의 한 호텔에서 먹었던 뻬쩰

지금도 계속되고 있다.

미국 유학 시절 나는 종종 좁은 아파트에서 친구들과 함께 주말 파티를 열곤 했다. 혼자서 그 많은 음식을 준비할 수 없어 각자 먹을 음식과 음료수를 가져오는 포틀럭(potluck) 파티를 주로 했다. 인도네시아 절친에게는 항상 가도가도를 준비해달라고 부탁했다. 채식주의자와 이슬람 율법이 허용하는 할랄(halal) 음식을 먹어야 하는 무슬림 친구들을 위해서였다. 그러면 친구들은 익힌 채소를 넓적한 포일 용기에 가지런히 쌓고 준비한 땅콩 소스는 플라스틱 용기에 따로 담아 테이블에 올렸다. 채식주의자 친구들이 가장 사랑하고 칭찬을 많이 하는 메뉴였던 가도가도였기에 정작 나는 손댈 기회가 별로 없었다. 파티가 끝나고 뒷정리를 하면서 겨우 맛볼 수 있었는데, 포일 용기에 남은 데친 당근이나 공심채로 다 말라버린 땅콩 소스를 닦아내듯이 묻혀 먹었다. 고백하건대, 부엌에 산더미처럼 쌓인 설거짓거리를 잊을 만큼 행복한 맛이었다.

라오스 죽순 샐러드 숩 너마이

2009년, 4년간의 논문 준비 기간을 마치고 태국으로 돌아와 방콕의 중심지라는 시암 근처에 숙소를 정했다. 인구 1000만의 도시답게 아침부터 늦은 밤까지 들리는 소음만으로도 마음이 항상 바빴다. 방콕 도심의 삶에 적응하기까지는 시간이 좀 걸렸다.

2개월이 지났을 무렵 나는 라오스식 죽순 샐러드인 '숩 너마이(태국어와 라오어로 '너마이'는 죽순을 뜻한다)'를 처음 만났다. 매일같이 쭐랄롱꼰 대학 도서관에 출근 도장을 찍고 자료실이 문을 닫을 시간 하숙집에 돌아올 무렵에는 너무 지쳐서 정신 줄을 놓다시피 할 때였다. 그날 조사한 자료들을 정리하려면 에너지가 필요했다. 선택은 자연스럽게 시고 매콤한 이싼식 음식이었다. 노상 상인에게서 돼지고기와 닭고기로 만든 꼬치구이 몇 개와 라오스식 파파야 샐러드 그리고 찰밥 한 뭉치를 사서 하숙집으로

이싼 아주머니가 주신 찹쌀밥, 숩 너마이와 꼬치구이

향하는 게 루틴이 되었다.

그러던 어느 날 꼬치구이를 파는 아주머니와의 대화가 길어졌다. "오늘 뭐 했냐" "방콕에 와서 사는 게 괜찮냐"에서 시작된 대화가 "왜 태국 역사를 공부하느냐" "태국은 좋아하느냐"로 이어졌다. 태국어를 가르쳐준 엄마 같은 선생님이 이싼 출신이라고 하자 아주머니 표정이 밝아지면서 "학생, 내일 우리 가게 꼭 들러줘" 하셨다.

다음날 다시 찾아가니 반갑게 나를 맞더니 어디론가 전화를 하셨다. 잠시 후 아주머님 아들이 바나나 나뭇잎으로 꽁꽁 싼 무언가를 들고 왔다. 그 안에 뭐가 있는지도 모르고 일단 받았다. 그러자 아주머니는 나를 '싸오 이싼(이싼의 딸 혹은 동북부 여자)'

미식 동남아

대나무 꼬치를 이용해 죽순을 길게 찢는 장면

이라 부르며 꼬치구이를 사러 오지 않아도 좋으니 오가면서 인사는 꼭 했으면 한다고 말씀하신다. 그날 이후 현지 조사를 하면서 방콕에서 지내는 동안 내 저녁 메뉴는 거의 고정되었다. 찹쌀밥에 꼬치구이, 파파야 샐러드 그리고 질릴 수가 없는 영혼의 음식(soul food) '숩 너마이'다.

숩 너마이의 고향을 이야기하자면 좀 복잡하다. 태국 음식이라고 하기도, 라오스 음식이라고 하기도 뭣한 게 태국과 라오스의 교집합과도 같은 이싼 지역을 대표하는 음식이기 때문이다. 그래도 숩 너마이를 굳이 라오스 음식으로 분류한 이유는 하나다. 이싼 지역의 샐러드인 쏨땀과 달리 숩 너마이는 태국식, 라오스식이 따로 없다. 그저 '이싼식' 하나다. 그리고 숩 너마이에는 야낭 잎(태국어와 라오어로 바이 야낭)이라는 허브가 들어간다. 동남아시아 곳곳에서 찾아볼 수 있지만 유독 이싼 지역과 라오스 음식에 많이 쓰인다. 독특한 지역적 풍미를 간직한 숩 너마이는 이싼과 라오스 음식으로 보는 게 적절하다는 생각이 들었다.

숩 너마이가 어떤 음식인지, 어떻게 라오의 후손들이 만들어 낸 이싼의 대표 음식이 되었는지 알아보자.

숩일까, 수프일까?

숩 너마이는 죽순으로 만든 샐러드다. 대나무의 어린싹인 죽순은 여러 지역에서 나지만 동북아시아, 남아시아 그리고 동남아시아에서 특히나 사랑받는 요리 재료다. 죽순의 효과는 땅을 뚫고 나온 순간부터 빠르게 성장하는, 그래서 '우후죽순(雨後竹筍)'이라는 말을 만들어낸 성장 에너지에 있다. 풍부한 비타민과 무기질은 면역력을 강화하고 소화에 좋다고 한다. 이싼 지역에서는 신선한 죽순을 손질하여 소금과 각종 허브, 양념에 절이거나 말려서 쓴다.

숩 너마이 조리 방법이 간단하다. 신선한 죽순이나 절인 죽순을 길게 자르거나 찢는다. 여기에 야낭 잎을 끓여서 걸러낸 채수를 붓고 피시 소스로 간을 한다. 여기에 찹쌀밥 누룽지를 빻아서 만든 가루를 섞으면 된다. 송송 썬 샬롯(Shallot, 작은 양파 종류)이나 쪽파 또는 고수를 올리기도 하고, 라임 주스나 다른 양념을 가미할 수도 있는데, 원조 숩 너마이는 되도록 향이 강한

태국 방콕에서 먹은 숩 너마이

허브나 채소를 넣지 않아 죽순과 야낭 잎의 향이 보존되도록
한다.

그리고 마지막으로 중요한 재료가 바로 이싼식 피시 페이스
트 '쁠라 라'이다. 이싼 방언으로는 '쁠라 덱(라오스에서는 빠덱)'이
라고도 하는데 태국인들은 이 표현이 점잖지 않다고 생각해서
잘 쓰지 않는다. 이싼식 액젓은 여타 지방보다 비린내가 더 강
하고 진하다. 라오스 음식에도 일반적으로 투명한 갈색의 피시
소스를 많이 사용하기는 하지만 태국 음식보다는 쁠라 라가 훨
씬 많이 쓰인다. 태국이든 라오스든 가정에서 만든 쁠라 라를
쓸 때는 위생을 위해 한번 끓여서 쓰기를 권한다.

숩 너마이는 그 이름 때문에 종종 서양의 국물 음식인 수프로

오해받는다. 채소나 고기를 소스에 섞어 먹거나 찍어 먹는 음식을 숩이라고 하는데, 학자들은 그 어원을 중국 남부에서 베트남 북부와 라오스 그리고 태국 등지로 이주한 타이-라오계 민족 타이담('블랙 타이'라는 의미. 태국에서는 '라오송'으로도 불림)의 언어와 문화에서 찾기도 한다.

타이담 문화에서는 채소 샐러드를 채소와 입맞춤한다는 뜻으로 '쭙 팍'이라고 부른다. 한국인들이 상추나 깻잎을 쌈장과 함께 먹듯이 타이담인들은 채소를 '쩨우'라는 소스에 찍어서 먹는 것이 일반적인데, 이러한 전통이 '쭙 팍'이라는 음식 문화를 만들었다고 한다. '쭙'은 태국어로 '입맞춤'을 의미하지만, 타이담어로는 '섞는다'는 뜻이라고 한다. '쭙'이 태국어와 라오어에서는 '숩'으로 발음되는데, 외래어 수프(태국어 발음은 동일하게 '숩')와 비슷해서 태국 사람들도 헷갈린다. 결국 1999년 태국 왕립학회가 이싼식 숩은 서양의 수프와 받침을 달리한다고 발표하면서 숩이 고유한 음식임을 공식화했다.

숩에 스민 라오스의 역사

라오스 문화와 역사는 오랫동안, 그리고 지금까지도 덜 알려졌다. 태국과 베트남이라는 강력한 국가 사이에서 분열과 통합을 반복적으로 경험하고, 프랑스의 식민 통치를 받으면서 민족

미식 동남아

라오스 비엔티안에 있는 아누윙 왕 공원의 아누윙상

국가 형성에 어려움을 겪었다. 그러다 보니 라오스라는 나라 고유의 정체성을 형성할 문화나 역사가 만들어지기 어려웠다.

1953년에 프랑스로부터 독립하고 1975년에 공산당 정권이 들어선 라오스는 14세기에 세워진 란상 제국의 직계 후손이다. 전성기 란상 제국은 현재의 라오스와 태국 일부 지역을 지배하면서 과거 중국 남부 윈난 지역, 태국 동북부 지역과 베트남 북부, 캄보디아 북부 지방을 아우르는 영토를 지배했던 크메르 제국에 버금가는 영향력을 가지고 있었다. 하지만 16세기 버마 따응우 왕조의 잇따른 공격에 잠시 속국이 되기도 했다.

흥망성쇠를 거듭하던 란상 제국은 결국 1707년을 기점으로 비엔티안, 루앙프라방, 짬빠싹으로 분할된다. 1893년 프랑스가 라오스를 보호령으로 선포한 이후에는 베트남 전쟁이 종결되고 공산 정권이 들어선 1975년까지 명목적으로는 루앙프라방 왕실 아래에 있었다. 하지만 우리의 신라·백제·고구려처럼 라오스 북부를 지배했던 루앙프라방과 중부의 비엔티안, 남부의 짬빠싹 왕조는 경쟁 관계에 있었고, 그들의 문화도 다르게 발전했다.

1826년 비엔티안 왕실의 아누웡 왕은 시암으로 강제 이주 당한 라오인들의 귀환과 이들을 노예로 만든 시암인들의 처벌을 요구하며 반란을 일으켰다. 시암은 대대적인 공격을 감행했고 아누웡 왕을 처형한 뒤 라오스를 속국으로 만들었다. 1828년 반란이 진압된 후 태국으로 강제 이주 당한 30만 명에 가까운 라오인 중 동북부로 간 이들 대부분 란상 제국의 비엔티안 사람들이었다. 이들은 고유의 문화와 정체성을 유지하면서 태국에서 가장 척박하다는 동북부 지역에서 삶을 이어왔다. 이들이 만든 이싼 문화와 정체성은 비엔티안의 전통을 이어받았기에 루앙프라방을 중심으로 한 라오스 북부와 짬빠싹 왕실의 영향권 안에 있었던 라오스 남부 문화와 다르다. 이를 가장 잘 보여주는 사례가 바로 '숩'이라는 음식 문화다.

1973~75년에 주(駐)라오스 영국 대사였던 앨런 데이비드슨 (Alan Eaton Davidson)이 영문으로 번역한 《라오스의 전통 요리법 (Traditional Recipes of Laos)》은 현재까지도 라오스 음식의 역사를 가장 잘 정리했다고 평가받는 책이다. 이 책은 루앙프라방 왕궁의 음식과 의식을 총괄했던 관리 피아씽 짜른신이 남긴 라오스 요

미식 동남아

리법을 모아서 만들었다. 피아씽은 평생을 바쳐 연구한 내용을 직접 그림을 그려가며 기록으로 남겼다. 사후에 그의 아내가 보관하고 있다가 요리와 음식 문화에 비상한 관심이 있던 영국 대사에게 주어 세상의 빛을 보게 된 것이다. 1975년 라오공산당은 군주제를 폐지하고 마지막 왕을 수용소로 보낸 뒤 이듬해 루앙프라방 왕궁을 박물관으로 만들어버렸다. 그들이 봉건 시대 전통에 적대적이었다는 점을 생각한다면 피아씽의 아내가 그 책을 영국 대사에게 맡긴 게 얼마나 다행인지 모른다.

그런데 라오스 음식과 요리법을 총정리했다는 피아씽의 요리책에는 '숩 너마이'가 없다. '숩팍퍼카오(채소 무침)'와 '숩쏨까이(신 닭고기 무침)'가 '숩'이라는 이름으로 소개되었는데, 국물이 조금 있는 무침이라는 점에서는 숩이긴 하지만, 이싼이나 비엔티안에서 먹는 숩 요리와는 맛이 다르다. 루앙프라방의 음식과 비엔티안-이싼으로 이어진 음식 문화의 가장 두드러진 차이는, 쉽게 말하자면 귀족 음식과 서민 음식의 차이라고 할 수 있다. 피아씽이 루앙프라방 왕실의 요리사였다고는 하지만 그가 남긴 다른 요리법을 보면 그 차이를 느낄 수 있다. 루앙프라방 음식은 재료가 화려하고 맛과 향을 중시한다. 반면에 비엔티안-이싼 음식들은 메콩강에서 잡히는 물고기와 고동, 척박한 땅 위에 자란 이름조차도 알기 어려운 여러 가지 허브 그리고 채소가 주재료다.

이러한 음식 문화의 차이는 태국과 라오스 사람들의 편견에

라오스 루앙프라방 지역 게스트하우스 식구들과 함께한 저녁 식사(2002)

도 고스란히 드러난다. 이싼의 일반적인 식탁 풍경은 다음과 같다. 쏨땀, 우리의 육회나 회무침과 비슷한 '꺼이' 혹은 '랍' 그리고 숩 너마이와 같은 반찬을 차린다. 식탁 가운데에는 대나무로 엮은 밥통에 찹쌀밥을 가득 채워 넣는다. 그러곤 둘러앉아 손으로 밥을 떼어 반찬과 함께 집어 먹는다. 낮 동안 어린아이들은 하루 종일 밭에 나가 일하는 엄마, 아빠를 기다리면서 방 한구석 대나무 소쿠리에 담긴 찹쌀밥과 반찬으로 끼니를 때운다.

태국으로 이주한 이싼 출신 뚝뚝 운전사들은 길거리에 주차해놓고 식사를 했다. 비닐봉지에 담은 찹쌀밥과 바나나 나뭇잎으로 싼 '숩 너마이' 그리고 꼬치구이 한두 개로 요기하고 뚝뚝 뒷좌석에 누워 잠시 낮잠을 청한다. 이싼 음식은 방콕 거리 곳곳에서 찾아볼 수 있는 '냄새나고 저렴하고 위생적이지 않은' 길거리 음식으로 대접받았고 지금도 그렇다. 예전에는 태국인보

미식 동남아

다 한참 낮은 계층으로 천대받던 라오 이주민들의 음식이었고, 지금도 태국 서민들이 즐겨 먹는다.

최근 들어 이싼 음식은 백화점 식당에서도 팔리고, '땀 타이'처럼 그 맛과 풍미를 고급스럽게 바꾸어 내놓기에 완전히 서민 음식이라고는 할 수 없다. 방콕 중심지 시암에 있는 백화점 푸드 코트에 가면 찹쌀밥을 포크로 떼어내어 파파야 샐러드와 함께 먹는 외국인들도 종종 보인다. 하지만 내가 뿔라 라가 들어간 라오스식 쏨땀과 숩 너마이를 좋아한다고 말하면 방콕 친구들은 의미를 알 수 없는 미소를 짓는다. 그들의 표정에서 이싼이 겪은 수백 넌 핍박과 처절한 가난의 역사가 읽힌다. 이싼 음식의 모양과 맛은 바뀌고 있지만 그 역사는 여전히 과거에 머물러 있다.

말레이시아-싱가포르 로작

싱가포르가 아무리 더워도 살은 빠질 수 없다던 친구들의 말이 맞았다. 난양 공과대학교에서 일을 시작한 첫 며칠 동안 구내식당 이곳저곳 찾아다니면서 깨달은 건 싱가포르는 정말 음식의 천국이라는 사실이었다. 구내식당은 싱가포르 전역의 호커 센터(야외 푸드 코트)만큼이나 다양한 음식점이 들어서 있었고 한 끼만 먹기에는 아까울 정도로 다 맛있어 보였다. 뭘 먹을지 한참 고민하면서 돌아다녔지만, 정작 선택한 것이 쌀국수와 치킨 라이스, 아니면 서양식 샌드위치였다. 내 얼굴만 보고는 중국어로 이야기하는 상인들에게 구체적으로 뭘 어떻게 만들어 달라고 설명하지 못했고, 다양한 커리(curry, 규범 표기는 '카레')와 볶은 채소가 즐비한 가게 앞에서는 너무 맵지 않을까, 괜히 모르는 거 먹었다가 잘못되면 어떡하지 하는 고민이 앞섰다.

싱가포르의 말레이시아-무슬림식 로작 가게

　그러던 어느 날 연구실을 함께 쓰는 동료가 말을 걸어 왔다. 예전에 인사를 나누기는 했지만, 나이도 한참 어려 보이고 외국인인 내가 낯설었는지 너무나도 조심스럽게 연구실을 드나들고 말을 아끼던 친구여서 적잖이 당황했다. 히잡을 쓴 그녀는 싱가포르 생활은 어떠냐, 자기가 도와줄 건 없냐며 물었다. 나는 이를 기회 삼아 냉큼 함께 점심 먹으러 가겠냐고 물었다. 그러자 잠시 머뭇거리더니 자기가 먹을 수 있는 할랄 음식을 파는 음식점은 근처 구내식당에는 없어서 찾아가려면 시간이 좀 걸린다고 한다. "나야 너무 좋지!" 아직 못 먹어본 싱가포르 음식이 너무 많아서 어떤 음식도 다 환영이라고 하니, 그러면 자기가 앞장서겠단다. 나의 싱가포르 절친 리야나와의 인연은 이렇게 시작되었다.

　말레이계 싱가포르인이던 리야나는 나이에 어울리지 않게 굉장히 생각이 깊었고 매사에 신중한 친구였다. 리야나가 소개해준 다른 말레이계 싱가포르 친구들은 사교성이 좋았다. 라마단의 마지막 날을 기념하는 축제인 하리라야(Hari Raya, 혹은 Hari Raya Haji) 날에 나를 집에 초대하기도 하고, 가족뿐만 아니라 말레이시아에서 놀러 온 친척들까지 소개해주기도 했는데 리야나는 그런 적이 거의 없었다. 그러던 어느 날 내게 저녁에 시간이 있느냐고 물었다. 그러더니 학교에서 꽤 떨어진 호커 센터로 나를 데리고 갔다. 그곳에는 리야나 부모님이 운영하는 로작(rojak) 가게가 있었다. 리야나 어머님의 요리 솜씨도 감동이었지만, 무엇보다 내게 자기 어머니가 만든 요리를 꼭 맛보게 해주고 싶었다는 리야나의 마음이 더 감동적이었다.

　동남아시아에서 단연코 화교 인구가 많은 곳은 싱가포르다. 그래서 싱가포르 하면 떠오르는 음식이나 문화 키워드가 '페라

인도-말레이시아식 로작 모음

나칸(Peranakan)'이다. 14세기부터 난양(남양, South Sea)으로 불린 말
레이시아(당시 명칭은 말레이 혹은 말라야)로 이주한 중국인이 현지
인과 가정을 꾸려 정착하면서 혼혈 후손 공동체가 만들어낸 문
화를 통칭하는 말이다. 1965년 말레이시아에서 분리 독립 한 싱
가포르는 중국계 인구가 75% 이상인 만큼 화교와 페라나칸 문
화가 주류다.

　내 경험은 조금 달랐다. 나 자신이 외국인이라서 그랬을지도 모
르지만, 리야나 같은 절친 덕분에 싱가포르 총인구의 15%를 조금
넘는 말레이계 친구들이 더 많았다. 그래서 그런지 싱가포르에서
사는 동안 말레이식 싱가포르 음식을 가장 많이 먹었다. 그중 내
게 가장 의미 있었던 음식 '로작'에 대해서 이야기해보려 한다.

다문화 사회에서 탄생한 샐러드 요리

로작을 가장 간단하게 정의하자면 과일과 채소를 소스에 버무린 샐러드다. 인도네시아의 가도가도처럼 이 요리에 들어가는 과일과 채소의 종류, 그리고 소스를 만드는 법은 지역에 따라 차이가 있다. 가도가도가 땅콩 소스에 버무린다면, 로작은 다양한 고추와 후추를 맷돌로 빻아서 만든 '삼발(sambal)'과 새우로 만든 페이스트 그리고 야자수에서 추출한 원료로 만든 팜 설탕 혹은 비슷한 종류의 당료를 섞어서 만들어낸 매콤하면서도 '단짠 단짠' 한 소스를 쓴다.

로작은 인도네시아 자바섬에서 시작되었다고 알려진다. 인도네시아에서는 '루작(rujak)'이라고 불리는데, 8세기부터 11세기 사이 자바섬 중부와 동부를 지배했던 마타람 왕국 터에서 발견된 따지 구눙 비문(910년 기록으로 추정)에 '루루작(rurujak)'으로 기록되어 있다고 한다. 역사적 기록으로 확인된 가장 오래된 음식 중 하나인 루작은 자바섬 사람들이 주변 섬으로 이주하면서 지금의 말레이시아와 싱가포르 지역에 전파되었다. 지역 입맛과 구할 수 있는 재료에 따라 만들어지다 보니 인도네시아 안에서도 다양한 루작이 있다. 여러 종류의 과일과 채소를 버무려 먹다 보니 다양한 '혼합' 혹은 '절충적인(eclectic) 혼합'의 뜻을 갖게 되었고 다문화 사회인 말레이시아와 싱가포르를 상징하는 음식이 되었다.

삭힌 달걀 '피단'과 채소 위에 중국식 소스를 얹은 로작

말레이시아와 싱가포르식 로작에는 일반적으로 오이, 파인
애플, 순무, '히카마'로 불리는 콩 감자, 숙주나물, 두부튀김과
'유탸오'라고 불리는 중국식 꽈배기 등이 들어간다. 서로 다른
주재료를 하나의 음식으로 만들어주는 로작 소스는 크게 말레
이식과 중국식, 그리고 인도식이 있다. 말레이식 로작 소스의
주인공은 바로 '삼발 불라짠(sambal belacan)'이다. '불라짠'은 아주
작은 새우를 소금에 절여 발효시킨 페이스트인데 요리에 넣기
전에 한번 익혀서 비린내를 빼준다. 말레이식 로작 소스는 삼발
불라짠에 설탕, 라임 주스, 칠리를 돌절구에 넣고 빻아서 만든
다. 그래서 달고, 짜고, 시고, 매운맛과 함께 새우 페이스트가 내
는 톡 쏘는 맛이 난다.

중국식 로작 소스는 불라짠 대신 '헤이코(heiko, haeko)'로 불리는 검은색의 달콤한 소스를 쓴다. 젤리처럼 보이는 헤이코는 말레이어로 '쁘띠스우당(petis udang)'이라고도 한다. 통새우를 끓여낸 육수를 졸인 다음 사탕수수나 사탕무를 가공할 때 나오는 당밀시럽을 넣어 만드는, 찐득찐득하고 단맛이 나는 요리용 소스다. 헤이코가 들어가면 농도가 진해지고 단맛이 강해지는 동시에 색이 까매진다. 역시 라임 주스, 설탕, 식초, 타마린드 과육으로 만든 주스 등을 섞기 때문에 단맛과 신맛이 동시에 난다. 매운맛을 추가하고 싶을 때는 칠리 페이스트를 넣기도 한다.

말레이시아에는 '마막 로작' 그리고 싱가포르에서는 '인도식 로작'으로 불리는 로작이 있다. '마막(mamak)'은 말레이시아와 싱가포르에 거주하는 타밀 무슬림 출신이나 그 혈통을 통칭하는 말이다. 말레이시아나 싱가포르로 이주한 인도 사람들도 페라나칸처럼 오랜 시간 동안 자신들만의 공동체와 문화를 발전시켜 왔다. 일반적인 마막 로작에는 튀긴 빵과 두부, 삶은 감자, 새우튀김, 삶은 달걀, 숙주나물, 갑오징어, 오이 등을 넣는데, 소스에 고구마나 땅콩을 더해 단맛과 고소한 맛이 있고 걸쭉하다. 인도식 로작 소스는 인도네시아 가도가도의 땅콩 소스에 더 가깝다고 할 수 있다. 말레이시아 페낭 지역에서는 이 마막 로작에 시큼하고 톡 쏘는 맛이 나는 덜 익은 망고와 사과, 구아바 그리고 '잠부 에어(jambu air)'로 불리는 자바 사과 등을 추가하는 것이 특징이다. 그래서 페낭과 케다(Kedah, '끄다'라고도 발음) 지역에서는 마막 로작을 따로 '빠셈부르(pasembur)'라고 부르기도 한다. 싱가포르의 인도식 로작은 튀김에 식용 염료를 넣어 모양과 색상이 다양한 것이 특징이다.

싱가포르 로작과 호커 센터

1965년 독립 이후 싱가포르는 빠른 속도로 독창적인 문화를 만들어냈다. 그 과정에서 슬로건으로 내세운 것은 바로 다문화 사회를 지향하는 개방성과 다양성이다. 로작은 다양한 과일과 채소의 상반되는 맛과 질감을 적절하게 짝짓기하여 소스를 넣고 버무려 새로운 맛을 만든다. 그 특유의 '절충적인 혼합'은 로작을 싱가포르라는 다문화 사회를 대표하는 음식으로 만든 일등 공신이다. 두부나 유탸오, 헤이코(heiko, haeko) 등은 중국 음식 문화를 반영한 것이고, 말레이어로 '붕아 칸딴(bunga kantan)'으로 불리는 생강과 꽃의 싹을 얹거나 열대 과일인 타마린드(tamarind) 주스를 소스에 넣는 것은 말레이 페라나칸의 영향을 직접적으로 받았지만, 싱가포르 사람들은 로작을 '싱가포르식 샐러드'로 부를 만큼 강한 자부심을 갖고 있다.

하지만 로작의 '절충적인' 혼합이 완전하지는 않다. 중국계 인구가 압도적으로 많고 정계와 경제를 주도하는 이들 다수가 중국계다 보니 그쪽 위주다. 싱가포르 독립 전의 말레이 토착 문

필자가 선택한 재료들로 만들어진 싱가포르식 로작

화가 밀려난 것은 아닐까 하는 생각도 종종 들었다. 급격한 산업화로 인종 분리와 차별이라는 식민지 유산을 해소할 시간이 부족했던 것이 아닐까 싶기도 하다. 잘 알려진 것처럼 싱가포르는 2차 세계 대전 이후 냉전기에 고도 경제 성장을 이루면서 "아시아의 네 마리 용" 중 하나로 불린 신흥 공업국이다. 나머지 용인 홍콩, 대만, 한국과 마찬가지로 싱가포르 역시 국가 주도적 경제 발전 모델을 선택했고 권위주의 통치 체제를 유지해왔다. 일례로 싱가포르는 도시의 청결을 위해 1992년부터 껌의 수입 및 판매를 전면 금지하는 법을 제정했다. 2024년 현재도 길거리에서 껌을 씹다가 걸리면 한화로 약 80만 원의 벌금을 내야 한다. "껌이 금지된 나라"로 세계에 알려질 만큼 강한 국가 권력의 통제는 로작 문화에도 영향을 미쳤다.

1935년 8월 싱가포르 신문 〈스트레이츠 타임스(The Straits Times)〉에 '중국인이 사는 곳에는 행상인이 있다'는 제목의 기사가 실린다. 기사는 잦은 기근과 자연재해, 이에 따른 굶주림이 중국인들을 근검절약하는 인종으로 만들었다는 내용으로 포문을 연다. 이어 작은 손수레를 끌고 다니며 아이스크림과 로작 그리고 옷을 팔던 중국계 행상인에 관한 이야기를 보도하며 이들이 가게 상인들이 채워주지 못하는 부분을 메꾸고 있다고 주장한다. 중국계 행상인 '호커(hawker)'는 사전적으로는 이리저리 떠돌아다니면서 물건을 파는 사람들을 뜻하지만, 싱가포르에서는 일용직 노동자가 모인 곳이나 학교처럼 사람이 모이는 곳에서 각종 음식을 파는 사람들을 지칭했다. 로작도 중국계 호커가 손수레를 끌고 다니면서 팔았던 음식 중 하나였다. 1980년대까지만 해도 자전거로 동네를 돌아다니면서 로작을 파는 '로작 맨'을 볼 수 있었다고 한다. 하지만 정부가 노점과 행상을 금지하면서 이들은 호커 센터에 정착했다. 호커 센터는 방역과 위생 등 국가의 다양한 통제를 받는 공간이었으며, 이에 따라 로작 문화도 조금씩 달라졌다.

물론 아직도 달라지지 않은 점이 있다. 말레이식 로작은 말레이계 상인이, 중국식 로작은 중국계 상인이, 인도식 로작은 인도계 상인이 판다. 싱가포르가 겉보기에는 다양한 음식 문화와 인종이 섞여 있고, 그래서 선택의 폭이 넓게 느껴지지만 말레이계 무슬림에게는 딱히 그렇지도 않다. 내 친구인 리야나와 함께 점심을 먹을 때면 연구실에서 떨어진 할랄 음식을 파는 곳으로 가서 지정된 초록색 식판에 밥을 먹어야 했던 것처럼 말이다.

싱가포르를 떠나는 날, 리야나와 몇몇 친구들이 공항에 배웅하러 왔다. 싱가포르에서의 마지막 저녁을 뭐로 하고 싶냐고 묻는 친구들을 보면서 나도 모르게 울컥했다. 공항 음식이 한정되어 있다는 걸 알면서도 훗날 싱가포르를 추억할 때 떠올릴 음식이 없다는 사실이 너무도 아쉬웠다. 결국 출발 시간이 다 될 때까지 카페에서 신나게 수다를 떨었다. 자리에서 일어서려는데 리야나가 조용히 싱가포르에 언제쯤 다시 오느냐고 물었다. 나는 태국에 현지 조사하러 갈 때 들를 터이니 곧 만나자고 했다. 그녀는 다음에 올 때는 자기 엄마가 만든 로작을 먹으러 가자고, 특별히 맛있는 조합으로 대접하겠다고 했다. 그렇게 리야나는 싱가포르에 계속 돌아갈 수밖에 없는 이유를 내게 만들어주었다.

2부

❖❖❖❖❖❖❖❖❖❖❖❖❖

이주민의 애환이 담긴 고향의 맛
-국수 이야기

❖❖❖❖❖❖❖❖❖❖❖❖❖

베트남 쌀국수 퍼

태국 볶음면 팟타이

인도네시아 볶음면 미고렝

필리핀 볶음면 빤싯

싱가포르-말레이시아 커리 국수 락사

베트남 쌀국수 퍼

2000년대 이후 한국에서 동남아시아로 가는 여행객이나 이주민이 꾸준히 늘고, 거꾸로 한국으로 오는 동남아시아 이주민이나 관광객도 눈에 띄게 많아졌다. 그래서인지 요즘은 동남아시아 음식 전문 식당도 많고 시중에서도 어렵지 않게 동남아시아식 커리나 라면을 구할 수 있다. 이전에는 향신료나 허브가 많이 들어가는 동남아시아 음식에 대해 대중적 거부감이 컸는데, 이제는 오히려 동남아시아 출신 요리사가 주방장으로 있는 식당을 찾아가는 추세다.

그중 베트남 대표 요리로 알려진 '퍼'는 한국에서 어쩌면 가장 부담 없이 먹을 수 있는 동남아시아 음식이 되었다. 지난 20여 년간 한국 현지화 과정을 거쳤고, 베트남 쌀국수 전문점도 많아졌다. 직접 만들어 먹을 수 있게끔 재료 구하기도 쉬워졌다. 심

하노이 식당 '리꾸옥스 10번지'에서 파는 원조 퍼와 라임, 그리고 쥐똥고추 ⓒ이한우

지어 혹자는 한국에서 먹는 베트남 쌀국수가 현지에서 먹는 것보다 더 맛있다고 말할 정도다. 그런 의미에서 '퍼'가 베트남의 대표 음식이 된 과정을 통해서 그 나라의 역사를 되짚어보는 것도 좋을 것 같다.

베트남 쌀국수 퍼의 지리적 고향은 북부의 남딘(Nam Dinh) 지역으로 알려졌지만, 프랑스 식민 통치하에서 재탄생한 '하노이식 퍼'가 우리가 현재 알고 있는 베트남 쌀국수 원형이다. 1954년 분단 이후에 퍼가 남부 지방으로 전파되는 과정에서 현지 환경과 기후에 적응하면서 '사이공식 퍼'가 탄생했다. 퍼는 프랑스 식민 통치와 어떠한 관계가 있는지, 그리고 어떻게 남부의 퍼는 북부 지역과 다르게 발전하게 되었는지 알아보자.

공장 지역 음식에서 하노이의 명물이 된 퍼

한국에서 베트남 쌀국수 퍼가 부담 없이 받아들여진 주된 이유는 소고기를 이용해 국물을 내었다는 점이었을 것이다. 화교의 영향이 강한 태국과 같은 나라에서는 흔히 돼지고기를 이용하고 무슬림이 다수 거주하는 말레이나 인도네시아에서는 주로 닭고기로 국물 요리를 만든다. 베트남도 원래 농경 사회였기에 소고기 소비가 많지는 않았다. 그래서 소고기 육수를 기본으로 한 퍼의 기원을 이야기하려면 프랑스 식민 통치의 영향을 이야기하지 않을 수 없다.

1898년 프랑스 식민 총독부는 북부 베트남 하노이에서 남동쪽으로 약 85킬로미터 떨어진 남딘에 실크 섬유 공장을 세웠다. 식민지에서 새로운 기회를 찾으려는 프랑스 기술자들과 이전부터 베트남에 이주해 살던 중국계 노동자들이 몰리면서, 이들 입맛에 맞는 음식 문화가 생겨났다. 남딘식 퍼가 프랑스 음식 문화의 영향을 받아 만들어졌다고 믿는 이들은 소고기와 채소를 넣은 유명한 가정식 수프 '포토푀(pot-au-feu)'를 퍼의 기원이자 어원으로 주장한다. 중국의 소고기 국수 우육분(牛肉粉)을 퍼의 기원으로 주장하는 이들은 가루를 의미하는 '분(粉)'의 중국식 발음이 변형되어 '퍼'가 되었다고 본다. 프랑스인들은 먹지 않는 소의 뼈를 중국인과 베트남인이 가져와서 소고기 육수를 만드는 데 썼다고도 주장한다.

하노이 마마이 거리에 있는 퍼 노점 ©Pierre Mounier from flickr.com

미식 동남아

베트남을 대표하는 음식이 식민 통치와 이주 노동자들에 의해 만들어졌다는 주장이 껄끄러운 이들은 하노이가 퍼의 정신적 고향이라는 데 방점을 둔다. 하노이에서는 일찍부터 '싸오짜오(xáo trâu)'라는 물소 고기로 만든 육수에 쌀 버미셀리(아주 가느다란 국수)를 말아 먹었는데, 국물을 소고기 육수로 바꾸고 버미셀리를 조금 더 두꺼운 면으로 해서 먹은 게 하노이식 퍼가 되었다는 것이다.

이미 1900년대에 남딘 공장 지역에 모여든 해외 노동자들 사이에서 퍼는 인기 음식이었다. 노동자들이 롱 비엔 다리 건설을 위해 하노이로 이주할 때 남딘의 퍼 장수들도 자연스럽게 이들을 따라갔다고 한다. 초기에는 하노이 곳곳에서 이동식 노점상에서 팔리던 퍼가 1910년대에 중국인과 베트남인이 차린 국수가게에 등장하면서 하노이의 명물이 되기 시작했다. 불과 20여 년 만에 전통이 세워진 것이다. 식민 통치 이전부터 베트남에서 국수를 먹는 문화가 있었기에 가능했던 일이다. 여기에 퍼라는 새로운 혼종 음식이 쉽게 자리를 잡은 것이다.

특히 베트남식 면은 남딘 출신의 퍼가 베트남 전체로 퍼지는 데 크게 기여했다. 밀가루 면(밀국수, 밀면)의 기원은 중국의 한(漢) 왕조로 알려져 있다. 한 왕조의 종말과 함께 중국 최초 통일 왕조로 알려진 진 왕조의 군대가 남부 지역으로 원정 갔을 때 만들어진 게 쌀국수라고 한다. 밀은 선선한 기후에서 자라기 때문에, 아열대 기후인 중국 남부 지역에서 밀 대신 쌀로 국수를 만

하노이 10번지에 있는 퍼 맛집 가게 ⓒ이한우

들기 시작한 것이 오늘날 쌀국수의 기원이다. 중국과 국경이 맞
닿은 베트남 북부 지역 홍강 삼각주와 남부 지역 메콩강 삼각주
는 '아시아의 밥그릇(rice bowl of Asia)'으로 알려질 정도로 쌀 생산
량이 막대하다. 하지만 밀은 나오지 않는다. 전량 수입해야 하
는 밀가루보다는 쌀로 만든 국수가 훨씬 더 저렴하고 신선할 수
밖에 없다. 그래서 베트남의 쌀국수 문화는 프랑스 식민 통치나
퍼가 만들어지기 이전부터 있었다. 베트남의 환경과 오랜 쌀 문
화가 퍼를 국민 음식으로 만든 셈이다.

　베트남의 퍼가 어느 나라 음식 문화의 영향을 받았는지, 어떠
한 역사적 사건에 의해 만들어졌는지 결론짓기란 어렵다. 그러
나 퍼가 오늘날 베트남을 대표하는, 그리고 전 세계에서 가장 유

명한 동남아시아 면 요리라는 데에는 이견이 별로 없을 것이다.

식민 통치와 분단의 역사-사이공식 퍼의 탄생

1858년 다낭에 상륙한 프랑스군은 당시 수도였던 후에를 공격했다가 응우옌 왕실의 강력한 저항에 남부로 퇴각한다. 고전 끝에 1867년 베트남 남부 메콩 삼각주와 사이공(현 호찌민) 주변 지역을 점령하고 직접 통치한다. 그렇게 1858년과 1892년 사이 프랑스 식민주의자들은 현 베트남, 라오스 그리고 캄보디아를 모두 점령하여 '인도차이나(Indo-China)'라는 식민지령을 만들었다. 인도차이나는 크게 사이공을 중심으로 한 코친차이나와 중부 산간 지역인 안남, 하노이를 포함한 북부 지역인 통킹과 현 라오스, 캄보디아 지역 등 총 다섯 구역으로 나뉜다. 이 중 코친차이나 한 곳만 프랑스 총독이 직접 통치하고 나머지 구역에는 총감이 파견되었다. 안 그래도 지리적, 경제적, 사회적 환경이 달랐던 베트남 북부와 남부가 프랑스 식민 통치로 더더욱 그 간격이 벌어지게 된 것이다.

남딘에서 시작된 음식 퍼는 하노이에 도착하면서 이미 큰 변화를 한번 겪었다. 남딘식은 쇠고기를 마늘과 채소, 토마토와 함께 볶은 다음에 데친 국수 위에 고명처럼 얹고 육수를 붓는다. 하노이식은 쇠고기 뼈와 고기로만 육수를 만들고, 그 위에 다진 파 정도만 첨가할 정도로 육수 맛에 집중한다. 2차 세계 대전의 암운이 감돌던 1939년에 정부가 소 도축을 억제하려고 월요일과 금요일에 쇠고기 판매를 금지하자, 닭고기로 육수를 낸 퍼가 나왔다. 이때도 육수는 닭고기만 넣어서 만들었다고 한다.

1945년 8월, 미국이 히로시마와 나가사키에 원자폭탄을 투하하면서 일본은 항복하고, 태평양 전쟁은 끝났다. 일본의 식민지 하에 있던 동남아시아 국가들과 조선은 독립을 선언한다. 1945년 9월 2일 호찌민도 베트남의 독립을 선언했지만, 프랑스는 인도차이나를 쉽게 포기하지 않았다. 베트남은 이후 9년간 프랑스와 독립 전쟁을 벌이고 1954년에는 제네바 협약으로 독립을 보장받지만, 17도선을 경계로 남북으로 나뉜다. 당시 300일의 유예 기간이 끝나면 남북 간 교류가 중단될 거라는 선언에 공산 정권이 가져올 변화를 두려워한 수백만 명의 북부 사람이 남부 베트남으로 이주했다. 하노이식 퍼도 그때 함께 남부로 내려왔다.

오랫동안 프랑스의 직접 통치를 받았던 남부, 특히 수도 사이공에서 퍼의 변신은 어쩌면 너무 당연한 일이었는지도 모른다. 중국인 이주 노동자들도 남부에 더 많이, 더 광범위하게 분포되어 있었고, 이웃한 캄보디아의 영향력도 무시할 수 없었다. 또한 기후와 환경이 북부와 달라 고명으로 올리거나 국물에 첨가할 수 있는 양념이 다를 수밖에 없었다. 소의 뼈와 고기로 낸 국물, 쌀로 만든 흰색 면 그리고 고기 조각과 파를 고명으로 올리는 퍼의 기본 구성은 그대로지만, 적지 않은 변화가 있었다.

미식 동남아

호찌민시 퍼24 체인점에서 파는 베트남식 미트볼 '비엔'이 들어간 퍼 ⓒ조성미

사이공식 퍼의 육수를 만들 때는 무나, 정향, 생강이나 아니스(Anise) 같은 향신료를 넣어서 북부식보다는 좀 더 단맛을 낸다. 하노이식 퍼는 보통 다진 파와 고수, 절인 마늘, 칠리소스와 튀긴 유탸오와 함께 나오지만, 사이공식 퍼는 숙주나물, 바질, 고수 외에도 다양한 종류의 허브와 라임, 발효 콩, 칠리소스, 해선장(hoisin sauce), 스리라차 소스 등이 함께 나와서 국물 맛을 개인 취향에 따라 조절할 수 있다. 그래서 사이공식 퍼의 그릇이 북부식보다는 더 크다는 이야기도 있다.

내가 미국 유학 시절에 하루가 멀다고 찾아간 베트남 쌀국숫집 이름도 '사이공 누들'이었다. 밀국수보다는 덜 쫄깃하고, 밋밋한 고깃국물에 나오는 쌀국수를 특별히 좋아했던 이유 중 하나가 고수나 바질 같은 향채, 그리고 함께 넣어 먹으면 입안이 향기로워지던 라임 주스였다. 그래서 접시 가득히 나온 숙주나물, 바질, 고수, 민트 등을 모두 넣고 힘을 주어 라임을 국물에 짜 넣어 한 그릇을 깔끔하게 비워냈다.

방콕의 베트남 음식점에서는 자리에 앉자마자 쌈 채소 모둠처럼 보이는 다양한 종류의 허브와 채소가 담긴 바구니가 나온다. 그래서 방콕에 살던 친구들은 베트남 음식을 먹으러 가자고 하면 "너 생채소 먹고 싶니"라고 물었다. 화교가 많은 방콕에서 생채소 먹는 사람은 동북부 이싼 출신과 베트남 사람밖에 없다고 친구들이 놀리던 기억이 아직도 생생하다.

1975년 베트남 전쟁이 북부 베트남의 승리로 끝나면서 다수의 남부 베트남인들이 해외로 망명하거나 소위 보트피플로 불리는 전쟁 난민이 되어 미국을 비롯한 제3국으로 유입되었다. 아이러니하게도 이 과정에서 퍼는 세계화되었다. 베트남 난민이 많이 살던 미국 캘리포니아주 오렌지 카운티에서 시작해, 지금은 아시아, 태평양을 넘어 전 세계에서 어렵지 않게 찾아볼 수 있는 음식이 되었다. 오늘날 부담 없이 먹을 수 있는 쌀국수 한 그릇에는 우리 식탁에 오르기까지 오랜 시간 베트남인들이 겪어온, 절대 가볍지 않은 역사의 여정이 녹아 있다.

호찌민시 1군의 응우옌 티 밍 카이 거리의 노점 풍경 ⓒ조성미

태국 볶음면 팟타이

베트남을 대표하는 면 요리가 '퍼'라면 태국에는 '팟타이'가 있다. 이름 자체가 '태국(타이)식 볶음(팟)'이라는 뜻이다. 베트남의 퍼가 중국인 이민자 음식 문화와 프랑스의 식민 통치라는 역사적 배경에서 만들어진 것처럼 팟타이에는 화교의 영향과 파시스트 독재 통치의 암울한 정치·경제적 상황이 녹아 있다. 다만 팟타이의 역사를 국가가 주도했다는 점에서 차이가 있다. 2차 세계 대전 중에 등장한 팟타이는 태국인의 정체성을 중심으로 통합을 촉진하기 위해 만들어진 '국민 음식'이다. 그래서 팟타이를 과연 전통 음식으로 보아야 하는지에 대한 논쟁은 쉽게 사그라지지 않는다.

태국 근대사에서 가장 중요한 순간을 하나 꼽으라면 1932년 6월에 일어난 인민당 혁명이다. 이를 계기로 절대 왕정은 몰락

미식 동남아

방콕 거리에서 파는 매운 팟타이

하고 지금까지 입헌 군주제하 의회 정치 제도를 유지하고 있다. 당시 인민당 지도자였던 피분 송크람 장군은 2차 세계 대전 직전인 1938년에 총리가 되었고, 과거 왕정의 유산과 영향력을 없애는 동시에 근대 민족 국가를 만드는 데 집중했다. 그런 노력의 일환이 바로 1939년부터 1942년까지 발표된 '문화 명령'이었다. 1938년에 발표된 명령 1호로 국명을 '시암'에서 '태국 (Thailand)'으로 바꾸고 이어서 새로운 국기와 국가 등을 소개하는 명령이 발표되었다. 이외에도 국산품 애용이 권장되었으며, 표준어 사용, 노출이 심한 전통 의상 대신 몸을 가리는 의상이나 제복이 장려되었다. 심지어 하루에 6~8시간 잠을 자고, 건강을 위해 식단을 개선해야 한다는 내용의 명령도 추가되었다. 태국이라는 새로운 근대 국가에 어울리는 전통을 피분 정권이 창조하기 시작한 것이다.

1941년 말 태평양 전쟁이 발발하고 홍수 같은 자연재해가 잇따르면서 동남아시아 전역에서 식량, 특히 쌀 부족 문제가 심해졌다. 태국도 예외는 아니었다. 피분 송크람 총리는 "국수(꾸에이 띠아오)는 몸에 좋기도 하고, 태국 음식의 신맛, 짠맛, 단맛을 한꺼번에 맛볼 수 있는 아주 좋은 음식"이라며 쌀 대신 면 소비를 적극적으로 장려했다. 그리고 한발 더 나아가 자기 집 가사도우미가 개발한 볶음국수 레시피를 보급했다. 이것이 바로 팟타이의 기원이다. 피분 송크람 정부는 전국 방방곡곡에 있는 음식 판매상에게 팟타이 레시피를 보급하고, 노점상들이 만들어 팔도록 독려했다. 한편 중국 등 외국에서 들여온 음식의 판매를 금지함으로써 반강제적으로 팟타이 소비를 늘려나갔다.

피분 송크람의 국수 장려 정책은 단순히 태국 경제의 보호에 그치지 않았다. 모든 태국인이 근대 민족 국가에 걸맞은 정체성과 자부심을 가지게끔 공권력까지 동원했다. 태국의 대표적인 왕당파 작가 쿡릿(현지 음으로 '쿠끄릿'에 가깝다) 쁘라못이 쓴 《4대를 이은 왕국》(The Four Reigns, 태국어로는 '시 펜딘')이라는 유명한 역사 소설의 한 대목을 보자. 한 등장인물이 "난 이젠 이 국수 선전에 완전히 질렸어"라고 불평한다. 그러자 그의 동생이 "요즘 국수 장려 정책을 밀어붙이려고 모든 부처의 공무원들에게 국수를 만들어 팔게 한다"고 대답한다. 그렇게 팟타이는 '국민 음식'

이 되었다. 그렇다고 해서 피분 송크람 정권 이전에 면 요리가
없었던 것도, 팟타이가 국민 음식이 되기까지 그 정통성에 대한
도전이 없었던 것도 아니다.

국수 장려 정책으로 탄생한 '태국식 볶음 쌀국수'

팟타이의 주재료인 쌀국수의 고향은 중국이다. 중국의 음식
문화는 전통적으로 춥고 건조한 북부 지역에서 자란 밀과 덥고
습한 남부 지역에서 난 쌀을 중심으로 발달했다. 쌀로 국수를
만들기 시작한 이들은 북부 출신 요리사들이다. 밀로 만든 국수
처럼 쌀국수도 잘 말리면 저장 기간이 늘어나서 다른 지역으로
유통되기도 쉬웠기에 동남아시아 중국인 이민자들도 쉽게 만
들어 먹을 수 있었다.

특히 전 세계에서 쌀을 가장 많이 생산하고 소비하기도 하는
지역인 동남아시아에서는 일찍부터 밀보다 쌀로 만든 국수가
인기를 얻었다. 예를 들어 베트남에서 퍼를 만들 때 사용하는
쌀국수는 중국 광둥성에서 유래한 것으로 알려진 호판(河粉, 중국
요리에 쓰이는 넓적한 쌀국수)의 한 종류로 베트남어로는 '반퍼'라고
부른다. 태국에서는 광둥성에서 유래한 호판을 '꾸에이 띠아오'
혹은 '미'라고 부르는데, 팟타이를 만들 때는 '소면'이라는 뜻의
'꾸에이 띠아오 센렉'이나 태국 동부 짠타부리 지역에서 생산되

태국식 꾸에이 띠아오

는 쌀국수인 '센짠'을 주로 쓴다. 그래서 피분 송크람 정부가 국수 소비 장려 정책을 시행하고, 팟타이 레시피를 보급할 때 처음 쓴 이름이 '태국식으로 볶은 쌀국수'라는 의미의 '꾸에이 띠아오 팟타이'였다. 이 볶음국수가 대중화되면서 '팟타이'로 불리기 시작한 것이다.

   이름이야 어떻든 쌀국수의 고향이 중국이라는 데는 반박의 여지가 없다. 그래서 팟타이가 태국 전통 음식까지는 아니더라도 태국 대표 음식이 될 수는 있는지 의견이 분분하다. 주재료인 국수가 중국에서 왔고, 조리 방법도 '차오궈탸오'(炒粿條, 초과조)로 불리던 광둥성 출신 이민자들이 말레이시아나 싱가포르 등지에서 만들어서 판 볶음국수를 따라 했기 때문이다. 태국 요

미식 동남아

리를 연구하는 이들 사이에서는 중국 국수 요리 중 하나라는 주장이 나오기도 하고, 한편에서는 팟타이가 피분 송크람 정부에 의해 반강제적으로 장려되기는 했으나 태국에 정착한 화교가 발명했으므로 국적은 태국으로 봐야 한다는 주장도 있다. 이처럼 팟타이의 정체성, 혹은 정통성에 대한 문제 제기는 계속되고 있다.

미식 외교와 글로벌 음식 팟타이의 자부심

18세기부터 눈에 띄게 늘어난 중국인의 동남아시아 이주는 정착지의 음식 문화뿐만이 아니라 정치, 사회, 경제 전 분야에 변화를 가져왔다. 여기서 주목할 점은 이민자 음식이 '현지화'를 거쳐 지금까지 살아남았다는 것이다. 말레이시아나 싱가포르로 이주한 광둥성 출신의 호키엔(福建人, 복건인)이나 떼오추(潮州人, 조주인) 출신 일용직 노동자들이 부수입을 얻으려고 만들어 팔았던 차오궈탸오가 그렇다. 쌀국수와 돼지고기를 돼지비계 기름인 라드(lard)로 볶고, 여기에 중국식 검은 간장으로 맛을 내지만, 현지인들의 입맛을 만족시키기 위해 그 지역에서 난 새우 페이스트로 간을 하거나 돼지고기를 먹지 않는 이슬람교도를 위해 소고기나 닭고기로 바꾸었다.

1700년대에 태국 아유타야 왕국에 처음 국수 요리를 소개한

서울 이화여자대학교 앞 태국 음식점에서 파는 팟타이

이들도 중국 상인이었다. 팟타이가 소개되기 훨씬 이전 시암에 정착한 뗴오추인들은 본토에서 따뜻한 국물과 함께 먹던 국수 요리를 했다. 이들은 열대 기후에서 나고 자란 태국인들에게는 국물이 들어간 면 요리보다는 볶음국수와 같은 건면 요리가 승산이 있을 거라고 일찍부터 생각했다고 한다. 또한 태국인들이 신맛, 단맛, 짠맛, 매운맛의 조합을 매우 중요시한다는 걸 알게 되면서, 이러한 맛을 낼 재료들을 추가했다.

팟타이는 간장 양념을 기본으로 하는 차오궈탸오와 다르다. 타마린드 과육으로 만든 주스로 신맛을 내고 피시 소스로 짠맛을 냈으며, 건새우·마늘이나 샬롯·팜 설탕 등으로 단맛을, 그리고 빨간색 고추를 넣어 매운맛을 낸다. 중국식 볶음국수가 태국식으로 볶은 면 요리로 재탄생한 것이다. 이런 의미에서 태국의 문화를 연구하는 한 학자는 팟타이는 태국인과 중국인 간 문화

미식 동남아

치앙마이 파얍 대학교 앞 꾸에이 띠아오 가게

적 차별화를 만들려는 전략이었고, 결국 성공했다고 주장한다. 중국이 면 종주국이긴 하지만 모든 면 요리가 중국 요리도 아니고 태국에서 나온 재료로 만들었으니 태국 요리라는 것이다. 게다가 화교인 할아버지를 둔 피분 송크람이 태국이라는 민족 국가의 정체성을 살리고자 만들었으니 자부심을 가질 만하다는 얘기다.

태국 정부는 중식·일식 혹은 인도식으로 대표되는 아시아 음식 시장에서 태국 음식 문화를 알리고자 소위 '미식 외교(gastrodiplomacy)'를 적극적으로 추진해왔다. 2001년 태국 정부는 전 세계에 최소 3000개의 태국 식당을 세우기 위해 글로벌 타이 음식 주식회사(Global Thai Restaurant Company, Ltd.)를 설립했다. 태국 음식을 '소프트 파워'로 만들고자 유명 음식점, 보건부, 산업부, 농업부, 국립식품연구소, 대학교가 힘을 합쳐 요리사 훈련, 각국 현지 입맛에 맞춘 요리법 연구, 홍보 전략, 시장 조사 등을 진행했다. 태국 수출입은행은 해외 음식점을 개업하고자 하는 태국 국민에게 대출을 제공했으며, 태국 중소기업 개발은행은 식품 산업 기업의 해외 진출을 지원하는 인프라를 구축했다.

태국의 공격적인 미식 외교는 효과가 있었다. 2001년 글로벌 타이 음식 주식회사가 만들어질 당시 5500여 개였던 전 세계 태국 음식점 수는 2018년에 1만 5000개를 넘겼다. 미국만 해도 약 2000개에서 5000개로 두 배 이상 늘었다. 태국 음식이 인기를 얻으면서 식재료 수출도 크게 늘었다. 미국 슈퍼마켓에서는 팟타이 소스뿐만 아니라 춘권 소스, 태국식 볶음밥 양념 등을 쉽게 찾아볼 수 있다. 태국인 친구들은 해외에서 팔리는 태국식 소스가 별로라고 했지만, 그래도 부러웠다. 머나먼 타국에서 모국의 음식 재료를 살 수 있다는 것만으로도 자부심을 가질 만했다.

팟타이가 정말 태국을 대표하는 음식인지를 두고 논쟁은 계속될 수 있다. 그러나 사람들의 인식에는 이미 그렇게 자리 잡고 있다. 그것이 반강제적인 선전 작업으로 만들어진 전통이든 중국 음식을 가져다 만든 모방품이든 중요한 것은 오늘날 태국인은 물론 다른 나라 사람들이 팟타이는 태국 음식이라는 것을 알고, 부담 없이 즐긴다는 점이다.

인도네시아 볶음면 미고렝

전 세계에서 면 요리를 가장 많이 먹는 나라는 어디일까? 베트남의 퍼나 태국의 팟타이 이야기에서 이미 눈치챘을지도 모르겠다. 바로 중국이다. 그렇다면 중국 다음은 어디일까? 파스타의 나라 이탈리아나 라면의 나라 일본을 떠올리는 독자가 있겠지만 예상과 달리 정답은 인도네시아다. 다른 동남아시아 국가처럼 밀을 재배하기 힘든 자연환경인 인도네시아의 면 요리 대표 주자는 미고렝이다. 인도네시아의 인도미(Indomie)라는 회사가 1982년에 야심 차게 미고렝(Mi Goreng) 라면을 출시했을 때만 해도, 이 제품이 태평양을 건너 아메리카 대륙에 닿을 거라고 기대한 이는 거의 없었다.

인도네시아뿐만 아니라 말레이시아와 싱가포르에서도 유명한 미고렝을 소개하면서 인도미 미고렝 이야기를 먼저 하는 이

필자의 친구가 포틀럭 파티 때 만든 미고렝 ⓒElisabeth Arti Wulandari

유는 '인도미 미고렝' 덕분에 미고렝이라는 음식이 전 세계에 알려졌기 때문이다. 인도미 미고렝이 인도네시아에서 베스트셀러이자 스테디셀러가 된 가장 큰 이유는 저렴한 서민 음식이기 때문이다.

베트남의 퍼가 그러했듯 동남아시아 면 요리는 대부분 중국인 이주 노동자들의 음식이었다. 타국에서 고픈 배를 채우기 위해 현지에서 구할 수 있는 저렴한 재료로 만들어 먹고 이를 현지인들과 나누면서 '현지화'된 면 요리 문화가 만들어졌다. 그래

미식 동남아

서 동남아시아의 면 요리 문화에는 화교나 화인들의 삶이 녹아
있다. 고향의 음식으로 정체성을 지키려고 했던 사람들은 낯선
재료로 익숙한 맛을 구현해야 했다. 중국계 이주민이 겪은 현지
화의 어려움과 함께 동남아시아의 서민들과 음식을 나누며 느
꼈을 공감대가 인스턴트 라면 요리 하나에서도 느껴진다. 미고
렝 이야기를 통해 그들의 사연을 한번 들어보도록 하자.

마자파힛 비문에 새겨진 이름

미고렝을 비롯해 인도네시아를 대표하는 소토 아얌(버미셀리
를 넣은 닭고기 국수)이나 락사(코코넛 밀크와 타마린드 과육으로 맛을 낸
커리 같은 국물 국수)와 같은 면 요리들은 대부분 중국인이 이주하
면서 가지고 온 밀국수나 쌀국수가 인도네시아에서 대중화되
면서 만들어진 음식들이다. 그렇다고 해서 인도네시아만의 면
역사가 없는 것은 아니다. 13세기부터 16세기까지 자바섬에 근
거지를 두었던 동남아시아 최대 해상 제국, 마자파힛 유적지에
서 나온 비문에 '버미셀리를 만드는 사람(hanglaksa, 항락사)'이라는
단어가 나온다.

산스크리트어로 '락사(laksa)'는 '십만'이라는 뜻이 있는데, 얇
고 가는 수백, 수천 개의 면 가닥을 지칭한다. 버미셀리는 이탈
리아에서는 얇은 스파게티를 의미하지만 아시아, 특히 중국과

족자카르타의 구눙 끼둘 리전시 거리 음식점에서 미고렝을 만드는 장면 ©Elisabeth Arti Wulandari

중국의 면 문화를 받아들인 동북·동남아시아 국가들에서는 감자나 고구마 전분으로 만든 당면이나, 가늘게 뽑아낸 쌀가루로 만든 국수를 가리킨다. 인도네시아, 말레이시아, 싱가포르에서는 '비훈'이라 부르는데 광둥성 출신의 호키엔(福建人, 복건인)이 쓰는 미분(米粉)이라는 말에서 유래했다.

미고렝에 들어가는 면은 기본적으로 밀국수다. 여기에 풍미를 살리고 식욕을 돋우고자 달걀을 넣은 노란색 '달걀면(egg noodles)'을 쓴다. 인도네시아에서는 이를 '박미(Bakmi)'라고 부르

미식 동남아

는데, 그래서 미고렝을 '박미 고렝'이라고도 한다. 중국인 이주자들이 인도네시아로 가지고 온 볶음국수 요리는 차오몐(炒麵)이라고 하는데, 익힌 면에 고기와 채소를 넣고 볶은 것이다. 미고렝은 께짭 마니스(Kecap Manis)로 불리는 단간장으로 맛을 낸다. 취향에 따라 께짭 아씬(Kecap Asin)이라는 짠 간장을 단간장과 섞어서 맛을 내기도 한다. 중국식 차오몐은 돼지고기나 돼지비계 기름을 쓰는 경우가 많지만, 무슬림이 많은 인도네시아에서는 해산물이나 닭고기, 쇠고기, 달걀 등을 넣는다. 향신료의 천국답게 고추와 후추를 넣어 께짭 마니스의 단맛과 조화를 이루게 하고, 완성된 미고렝에 튀긴 샬롯이나 쿠쿠이 열매(Kemiri)를 뿌려 고소한 향을 더하거나, 향신료 삼발(Sambal)로 매운맛을 더한다.

말레이시아와 싱가포르의 미고렝은 인도 남부 지역의 영향을 많이 받았다. 그래서 인도 음식에 종종 들어가는 향신료나 양고기·염소 고기가 쓰이고, 달걀면 대신 쌀국수나 비훈이 쓰인다. 이 두 나라에서 미고렝을 대중화한 이들도 인도 남부 타밀 출신의 무슬림들로 알려져 있다. 말레이시아 미고렝 중에 '마막(Mamak) 미고렝'이 있는데, 여기서 '마막'은 타밀어로 '삼촌'이라는 뜻으로 인도식 미고렝을 의미한다. 해상 무역의 거점이다 보니 서구의 영향을 받아 토마토소스가 들어가기도 한다. 특히 말레이시아 서북부 항구 도시인 페낭(Penang)의 미고렝은 간장의 갈색보다 토마토소스의 빨간색이 더 도드라지게 만드는 것이 특징이다.

인도네시아식이든 말레이시아식이든 기본은 채소와 고기를 마늘과 양파 혹은 샬롯을 넣고 볶은 뒤 미리 익혀놓은 면을 넣고 단간장과 양념을 더해 볶는 방식이다. 예전에는 밀국수나 폭이 넓은 쌀국수 면을 주로 썼지만, 이제는 조리가 쉽고 빠른 라면을 사용하기도 한다. 대중적인 인기를 누리고 있는 '인도미 미고렝'이 바로 인스턴트 라면으로 만든 미고렝이다.

'한 봉지의 행복'이 담긴 서민 음식

인도네시아에 처음 인스턴트 라면이 소개된 건 1969년이다. 초기에는 밀이 주식도 아니고 밀 재배 국가도 아닌 인도네시아에서 라면이 팔릴까 하는 의심도 있었다. 그러나 저렴하고 조리나 보관이 쉬운 인스턴트 라면은 개발 독재 정권이 이끄는 혹독한 근대화 시대를 살던 인도네시아인들의 주목을 받았다. 이는 1972년 '인도미'라는 인도네시아식 인스턴트 라면 브랜드의 등장과 닭고기 육수로 만든 라면인 '인도미 꾸아 라사 깔두 아얌(Kuah Rasa Kaldu Ayam)'의 출시로 이어진다.

인도미가 미고렝 라면을 선보인 것은 1982년이다. 당시 출시된 라면은 대부분 튀긴 면을 뜨거운 국물에 넣어 먹는 일본식 라면의 전형을 따랐는데, 인도미는 아예 국물을 없애버린 건조

면으로 인기를 끌었다. 인도미 미고렝이 성공한 또 다른 이유는 소스에 있었다. 인도미의 식품 개발팀은 인도네시아 전통 요리의 향과 식감을 미고렝에 더하고자 시도했다. 이를 통해 미고렝 른당(Rendang), 미고렝 짜베 이조(Cabe Ijo, 초록색 고추), 미고렝 아얌 게쁘렉(Ayam Geprek, 바삭한 닭고기를 으깬 뒤 삼발 소스와 섞은 요리) 등을 비롯한 수십 가지 인도미만의 미고렝 맛을 개발했다. 또한 기존 라면 스프가 분말이던 시절에 인도미는 액체 소스를 활용하고 여기에 튀긴 양파나 샬롯을 추가해 식당이나 노점에서 만들어 파는 미고렝을 먹는 기분이 나도록 했다.

결국 인도미는 인도네시아 인스턴트 라면의 대명사가 되었고, 인도네시아를 세계에서 두 번째로 면을 많이 소비하는 국가로 만들었다. 세계 인스턴트면협회(World Instant Noodles Association)에서 발표한 수치에 따르면 인도네시아인이 2021년에 소비한 인스턴트 면 요리가 총 132억 7000만 인분에 달한다고 한다. 인도미는 오늘날에도 인도네시아 라면 시장의 상당 부분을 점유할 만큼 인기가 좋다.

그렇다면 이러한 인도미의 인기 비결은 무엇일까? 앞서 이야기한 것처럼 다양한 맛, 저렴한 가격, 인도네시아 음식의 향과 풍미를 끌어낸 창의성, 광범위한 선택 범위 그리고 조리의 용이성 등은 분명 성공을 이끈 요소들이라고 할 수 있다. 한편으로는 인도미라는 브랜드를 소유한 인도푸드(IndoFood)가 인도네시아의 최대 재벌 기업 중 하나인 살림그룹(Salim Group) 계열사라는 점도 간과할 수 없다. 살림그룹의 설립자인 화교 출신 린 샤오리앙(Liem Sioe Liong)은 독재자 수하르토와의 친분을 통해 살림그룹을 인도네시아 경제 생산량의 5%를 차지하는 광대한 비즈니스 제국으로 만들었다. 그런 대기업이 보가사리(Bogasari)라는 제분소와 인도푸드라는 세계 최대 규모의 면 제조 기업을 동원해 인도미를 밀어주었으니 지금의 성공은 어쩌면 그리 놀라운 일은 아닐지도 모른다.

한편 네덜란드 식민 통치 시기부터 지속된 화교에 대한 특별 대우와 이에 대한 불만은 1998년 5월 수하르토 사임 발표 직후 일어난 폭동으로 절정에 달했다. 1997년 태국에서 시작한 아시아 외환 위기는 인도네시아를 덮쳤고, 급증하는 실업률과 악화하는 생활고에 지친 인도네시아인들은 30년 독재로 족벌들에게 권력과 부를 안겨준 수하르토의 퇴진을 요구했다. 이는 수하르토 정권과 손잡은 화교 출신 사업가와 상인들에 대한 분노로 이어졌으며 결국 자카르타에서 폭동이 일어난다. 이로 인해 화교 상점과 상인이 공격당하고 여성이 강간당하는 등 사상자 1000여 명에 이르는 피해가 발생한다. 폭동 두 번째 날 인도푸드 설립자 린 샤오리앙의 집이 불타고, 시위대는 그의 사진에 '수하르토의 개'라고 써 붙이고는 거리를 행진했다. 인도미 공장 몇몇 곳도 공격받았다.

수하르토라는 강력한 보호자가 사라지자, 인도푸드는 말 그대로 자유 경쟁에 노출되었다. 보가사리 제분소를 통한 밀가루

족자카르타 말리오보로 거리 노점상에 진열된 용기면(© 구보경). 오른쪽은 미국에서 종종 먹었던 꼬치구이(사태) 맛 인도미 미고렝이다.

수입과 판매 독점이 풀리면서 1998년 95%에 달했던 인도미 시장 점유율은 5년 사이 88%로 그리고 최근 70%대로 하락했다. 인도미만큼 맛있고 가격이 저렴한 인스턴트 면 브랜드가 시장에 등장하고, 태국이나 한국에서 수입하는 라면도 인기를 얻고 있다. 인도미는 이런 상황에서도 여전히 인도푸드 회사 매출의 35% 이상을 차지하고 있으며 세계 최대 인스턴트 면 요리 제조업체 지위를 유지하고 있다.

족자카르타의 반뚤 리전시 거리에서 파는 다양한 볶음국수 요리들 ©Elisabeth Arti Wulandari

이를 통해서 알 수 있듯이 인도미의 번창을 지금까지 이끌어 온 것은 독재 정권이 아니라 소비자였다. 아이러니하게도 인도미가 많이 팔릴 수밖에 없는 이유는 겨우 최저 임금 수준을 받는 수천만 명의 노동자들이 저렴하게 배를 채울 수 있는 음식이기 때문이다. 한 인도네시아 노동자의 인터뷰를 보면 2500루피아(한화로 약 220원)짜리 인도미 한 봉지를 사고 3000루피아(한화로 약 260원)를 주고 달걀을 사서 양배추, 마늘, 고추를 넣고 끓이면 한 끼 배불리 먹을 수 있다"라고 했다. 과거 인도네시아에 온 중국인 이주 노동자들이 값싼 채소를 면과 볶아 먹은 한 끼 식사가 미고렝이 된 것처럼 말이다. 결국 저렴하고 빨리 먹을 수 있

미식 동남아

채소와 닭고기를 넣은 볶음면 타미 고렝(왼쪽)과 국물(Kuah) 있는 미고렝(오른쪽)
ⓒKetut Edy Dhanusugita

는 음식을 찾아야 했던 서민들이 인도미 미고렝을 인도네시아의 대표 라면으로 만든 셈이다.

나도 유학 시절에 인도미 미고렝을 많이 먹었다. 주변에 진짜 미고렝을 만들어줄 인도네시아 친구들도 있었고, 인도네시아 식당이나 미고렝 비슷한 것을 만들어 팔던 중국 식당도 많았지만, 나의 선택은 늘 인도미 미고렝이었다. 시간, 돈, 에너지 모두를 절약해야 했던 유학생들로서 인도미 미고렝 한 봉지에 행복해지는 법을 배워야 했기 때문이다.

필리핀 볶음면 빤싯

유학 시절에 친구들과 모임을 할 때면 우리는 각자 부담도 덜 겸 음식과 음료수, 혹은 간식 같은 걸 가지고 와서 나눠 먹는 포틀럭(potluck) 파티를 했다. 손이 큰 친구들은 커리를 냄비 한가득 담아 오거나, 중국 식당에서 탕수육과 채소볶음을 사 오는 친구도 있었다. 이럴 때 빠지지 않는 파티 메뉴 중 하나가 바로 '빤싯 (pancit, pansit으로 표기하기도 함)'이었다. 필리핀 친구들이 만들어오는 빤싯은 일단 양이 많았고, 면과 채소와 고기에 밴 양념의 맛이 그리 강하지 않아 흰쌀밥처럼 다른 요리와 함께 먹기에 적당했다. 물론 빤싯은 종류가 정말 다양해서 내가 먹어본 빤싯이 일반적이라고 할 수 없지만, 빤싯이라는 음식이 필리핀 사람들의 삶에서 '조화'를 상징하는 것은 아닐까 생각해왔다. 그래서 이번에는 동서양 문화 교류의 거점 지역이던 필리핀에서 빤싯

미식 동남아

2014년 필리핀 친구 환송회 포틀럭에서 먹은 빤싯

문화가 어떻게 시작했고, 필리핀 사람들은 이 요리를 통해 어떻게 자신의 정체성을 드러냈는지를 이야기하려 한다.

중국의 면에 스페인의 문화를 더한 국민 요리

필리핀에서 빤싯은 국수 혹은 면을 통칭하는 용어다. 앞서 살펴본 동남아시아 면 요리 대부분이 광둥성 출신 호키엔(福建人, 복건인) 문화에서 비롯되었듯, 빤싯이라는 용어도 '완자' 혹은 '편의식(pian-i-sit)'이라는 의미를 가진 '편적식(扁的食/便的食)'이라는 호키엔 말에서 유래했다고 한다.

필리핀은 세계에서 가장 오래된 차이나타운이 있는 나라인 만큼 중국인 이민자들에 의해 전해진 면 문화의 기원은 아무리 보수적으로 잡아도 10세기까지 거슬러 올라간다. 중국과 필리핀 간 공식적인 교역은 10세기에 시작했다고 하지만, 비공식적으로는 당나라가 지배했던 7세기부터 있었다고 알려져 있다. 이렇듯 오랜 기간 유지해온 관계와 서로에 대한 사전 지식이 있었기에, 중국에서 수입된 상품들이 들어오는 필리핀의 해안 마을에는 중국 무역상의 지부나 출장소가 생기기도 했다. 13세기에 들어오면서 북부의 루손, 남서부의 술루 제도와 민도로(Mindoro) 지역을 포함한 필리핀 거의 전 지역에 중국 상인들의 선박이 정기적으로 입항했다. 그래서 스페인인들은 중국 상인들을 '정기적으로 여행하는 상인'이라는 의미로 '상글리(Sangley)'라고 불렀다.

중국 상인들이 주도적으로 활동했던 시장은 크게 두 가지 종류였는데, 첫 번째가 필리핀 북부 루손 지역에서 지역 주민들에게 중국을 비롯해 세계 방방곡곡에서 들여온 상품들을 판매하는 전통 시장이었다. 중국 상인들이 가져온 고수, 칠리, 레몬그라스(lemongrass), 심황, 새우 페이스트, 땅콩, 파, 간장, 쿠민(cumin), 바질, 아지바인(Ajwain), 타마린드(tamarind) 펄프, 계피, 후추 등이 이들 지역 시장에서 활발하게 팔렸다. 또 필리핀어로 '빨라욕'이라 불리는 중국식 도기 냄비, 요리와 저장을 위한 '방아'라는 항아리, 웍처럼 생긴 프라이팬, 불을 이용한 취사도구, 뒤집개 같은 것들도 팔렸다. 다른 하나는 스페인 상인과 중개인을 대상으로 하는 시장으로 미국과 유럽 지역으로 가져갈 중국 상품을 거래하는 곳이었다. 그렇게 필리핀, 특히 루손 지역은 전 세계 무역의 핵심 거점이 되었다.

빤싯이 필리핀 국민 음식이 된 시기는 중국 상인 '상글리'가 필리핀에 정착하기 시작하면서라고 한다. 이들은 사업이 번창하고 가족이 타국에서 오래오래 잘살기를 바라면서 장수(長壽)의 상징인 빤싯을 나누거나 팔았다고 한다. 현지 재료로 직접 만들다 보니 필리핀 사람에게도 친숙하게 다가갈 수 있다는 장점도 있었다. 그렇게 중국의 면 요리는 필리핀의 빤싯으로 온전하게 재창조됐다.

필리핀의 빤싯 문화는 스페인의 식민 통치를 계기로 대중화되었다. 왕실 특허를 받은 스페인 회사들이 필리핀에서 담배 무역을 독점하고, 공장을 세우면서 이곳으로 이주한 중국인 노동자들이 빤싯을 먹기 시작했다. 그러자 짧은 시간 동안 빠르게 먹을 음식을 찾던 필리핀 노동자들도 쌀보다 조리 시간이 훨씬 적게 걸리는 중국인들의 면 요리를 '편의식'처럼 만들어 먹었다.

빤싯은 처음부터 면 요리만을 가리키는 명칭은 아니었다. 편하고 빨리 조리가 가능한, 그래서 한 끼 식사를 한 접시로 해결할 수 있는 음식을 말했다. 처음 중국 상인과 노동자들이 가져온 면은 밀국수였지만, 밀이 거의 나지 않던 필리핀에서는 쌀가루나 다른 곡물의 전분으로 빤싯을 만들었다. 근대 시기로 오면서 빤싯은 쌀국수, 달걀면, 혹은 녹두면이나 메밀면으로 만든 국수를 고기, 해산물 및 채소와 함께 볶은 국수를 통칭하게 된다.

필리핀 중부 일롱고 문화권의 빤싯 ⓒPulaw from en.wikipedia.org

　노동자들이 공장 근처 포장마차나 노점에서 먹던 빤싯이 번듯한 식당에서 팔리게 되었을 때, 이 빤싯 전문점을 '빤싯테리아'라고 불렀다. 이 이름도 빤싯을 대량으로 팔거나 프랜차이즈화한 중국 상인들에 의해 고안되었다는 설이 있다. 중국과 스페인의 문화가 결합한 빤싯테리아는 음식을 팔고 소비하는 장소로서 현대적 의미에 가까운 최초의 식당이 되었다. 초창기 빤싯테리아는 세계 최초의 차이나타운인 마닐라의 비논도(Binondo, 1594년 스페인 정복자들이 설립)와 톤도(Tondo) 지역에 몰려 있었다.

　스페인 식민 통치 시기에 중국인들에 의해 전파되고 현지 상황에 맞춰 변화해온 빤싯은 처음부터 패스트푸드이자 서민 음식의 성격을 띠고 있었다. 비슷한 시기에 필리핀에 등장한 또

　　　　　　　　　　　　　　　　미식 동남아

다른 면 음식은 '마미(mami)'라는 국물 국수다. 필리핀에 정착한 호키엔이 고기(마)가 들어간 면(미)을 부르는 말에서 유래했다고 한다. 밀국수에 육수를 붓고 소고기, 돼지고기, 닭고기 고명이나 완탕을 얹어서 내는데 '빤싯 마미'로 부르기도 한다. 역시나 빨리 준비해서 간단히 먹을 수 있어 빤싯과 함께 필리핀 사람들의 대표적인 '컴포트 푸드(comfort food, 정서적 만족과 안정감을 주는 음식)'로 꼽힌다.

필리핀 역사의 한 가닥, 빤싯

총 7640개 섬으로 이루어진 필리핀에서 빤싯의 대중화는 곧 다양화를 의미한다. 빤싯 문화가 북부 루손에서 남부로 전파되면서 지역민의 취향, 재료, 요리 기술, 소비 방식에 따라 현지화되었고 지금은 모든 지역이 고유한 요리법과 풍미를 갖게 되었다.

가장 전통적이고 기본적인 빤싯 요리 공식은 면을 채소와 고기와 볶은 뒤 이를 필리핀식 간장인 '또요', 소금, 후추 등으로 간을 하는 것이다. 빤싯이 대중화·현지화되면서 면의 종류는 '깐똔(canton)'이라 불리는 달걀면(egg noodles), '비혼'이라 불리는 쌀로 만든 당면, 달걀을 넣어 만든 밀국수인 '로미'와 '미끼', 일반 밀국수와 비슷한 '미수아' 등으로 다양해졌다. 들어가는 채소도 전통적으로 들어가던 당근, 강낭콩, 양배추 등에 피망, 차요테

쌀 당면 '비혼'으로 만든 빤싯 ⓒdbgg1979 from en.wikipedia.org

(chayote), 박, 수세미, 느타리버섯, 콜리플라워 등 지역 특산물부
터 외국에서 새로 소개된 품종이 더해져 다양한 풍미와 식감을
살리게 되었다. 물론 필리핀 빤싯의 시그니처 양념은 필리핀 라
임으로 알려진 '깔라만시'다. 접시 한편에 나온 깔라만시를 면
위에 짜서 먹어야 진정한 필리핀식 빤싯이 완성된다고 할 수 있
지 않을까.

　재료처럼 양념도 또요(간장) 외에 '빠띠스'라 불리는 피시 소
스, '바궁 알라망'이라 불리는 새우 페이스트, 굴소스, 된장, 식초
등으로 다양해졌다. 최근 한국 미식가들 사이에서 유명한 '코코
넛 아미노스(Coconut Aminos)'라는 간장 대용 소스도 빤싯 요리에
종종 쓰인다. 맛과 색이 간장과 비슷하지만, 코코넛 꽃에서 채

　　　　　　　　　　　　　　　　　미식 동남아

취한 수액을 발효시킨 천연 조미료로 일반 간장보다 염분도 낮고 대두에서 나오는 글루텐이나 렉틴, 피트산 등이 없어 건강식으로 환영받는다. 빅나이베리(Bignay berry)로 만든 와인을 가미하는 등 빤싯은 가난한 사람들이 빨리 먹어 치우는 음식이라는 과거를 뒤로하고 지역과 개인의 취향을 드러내면서 기쁨, 안정을 주는 '컴포트 푸드'로 변모해왔다.

한 가지 눈여겨볼 만한 건 오늘날 필리핀에서는 빤싯 하나로 식사를 마치지 않는다는 점이다. 탄수화물과 단백질, 무기질을 겸비한 한 그릇 음식이지만 공복을 달래는 '메리엔다(merienda, 간식)'쯤으로 여긴다. 그래서 빤싯을 먹을 때 밥이나 빵을 곁들인다. 특히 필리핀식 모닝롤인 '빤데쌀(Pandesal)'에 넣어 먹으면 맛이 일품이라고 필리핀 친구들이 자랑했었다. 빤데쌀은 필리핀 사람들이 아침 식사로 가장 많이 먹는 음식 중 하나다. 음식 문화를 살펴보다 보면 이렇게 생각지도 않은 조합이 새로운 음식 문화를 창조해내는 장면을 자주 보게 된다. 그래서인지 음식에 얽힌 역사를 공부하는 것만큼 흥미롭고도 어려운 일이 없다.

중국에서 들어온 면 문화는 필리핀에서 새로운 전통을 만들어냈다. 이제 빤싯은 한국의 미역국처럼 필리핀에서 생일에 먹는 대표적인 음식이다. 길게 뽑은 면이 장수와 건강을 상징한다는 믿음 때문이다. 식당에서는 '생일면'이라는 메뉴를 따로 판다고 한다. 그러니 그날은 면을 짧게 잘라서 먹으면 안 된다.

마을 축제나 축하 행사, 종교 행사에서 한 종류 이상의 빤싯

미국 유학 시절에 가던 필리핀 음식점

요리가 등장한다. 저렴한 비용으로 많은 양을 한꺼번에 만들 수 있고, 호불호가 갈리는 음식이 아니라 누구나 부담 없이 즐길 수 있다. 모두 함께 장수를 기원하고 빤싯을 나눠 먹으며 파티를 즐기는 모습은 내게도 익숙한 풍경이다.

　베트남에 퍼, 태국에 팟타이, 인도네시아에 미고렝이 있다면 필리핀에는 빤싯이 있다. 가장 서민적이고 대중적이면서도 필리핀 역사가 담긴 대표 음식이다. 동남아시아의 면 요리들이 중국의 영향을 받은 것은 사실이지만, 그 어떠한 면 요리도 중국인들이 고향에서 먹었던 방식 그대로, 그 맛 그대로 남아 있지 않다. 타국으로 이주한 노동자들의 배고픔과 향수를 달래려 만들어진 요리는 제2의 고향에서 현지인들의 취향과 욕구에 맞춰 현지의 재료와 요리 방식으로 새롭게 재탄생했다. 필리핀의 저

뉴욕 시내 필리핀 음식점에서 파는 빤싯 ⓒLa Sripanawongsa

명한 음식 작가인 도린 페르난데스(Doreen Fernandez)는 "우리 삶에 있어서 면은 일상과 축제에 엮인 역사의 한 가닥이다"라고 말했다. 빤싯은 필리핀 사람들의 일상과 역사를 우리에게 보여주는 완전한 필리핀 음식이다.

싱가포르-말레이시아 커리 국수 락사

  얼른 논문을 마무리해야 방학다운 방학을 보낼 텐데 온종일 노트북 앞에 앉아 있어도 글이 나오지 않았다. 한 줄을 썼다가 지우고 다시 쓰고 지우기를 반복하기만 며칠째, 아무리 머리를 싸매도 답이 나오지 않아 친구를 불러 불평을 늘어놨다. 친구는 마침 며칠 뒤에 스리랑카로 현지 조사를 가니 자기 집에 와서 지내란다. 그 친구는 싱가포르 동부 해안 근처에 있는 카통 (Katong)이라는 지역에 숍하우스를 개조한 집을 빌려 지냈다. 분위기 전환도 할 겸 잘됐다 싶어서 당분간 그 친구 집에서 지내기로 하고 짐을 챙겨 카통으로 갔다.

  '숍하우스(shophouse)'는 1층에 상점이나 가게가 있고 2층은 주거 공간으로 쓰는 주상 복합 건물이다. 홍콩, 마카오 등지에서도 쉽게 찾아볼 수 있는데 싱가포르에는 영국 식민 통치 시기인

미식 동남아

원조 카통 락사와 야자수 잎으로 싸서 구운 어묵 '오딱-오딱'

19세기 초부터 지어졌다고 한다. 복층 건물이 나란히 줄지어 있고 그 앞에 사람들이 다니는 통로가 있다. 통로 규격이 일정하고 지붕으로 덮여 있어 열대의 잔혹한 햇빛을 피할 수 있다. 내 친구가 사는 숍하우스는 뒤편으로 안뜰이 있고 1층과 2층을 연결하는 계단과 넓은 채광창이 있다. 건물 안으로 들어가면 천장이 높아서 밖에서 보는 것보다 훨씬 넓게 느껴진다.

　집 앞 벤치에 앉아 각양각색으로 장식된 숍하우스 경치를 구경하다 집주인과 마주쳤다. 중국계 싱가포르인인 주인은 인사를 건네며 싱가포르에서 지내기가 어떠냐고 물었다. 이런저런 이야기를 나누다가 내가 요리와 새로운 음식 맛보기를 좋아한다고 하니 '카통 락사'는 먹어보았느냐고 묻는다. 락사야 싱가포르 어디에서나 먹어볼 수 있는 거 아니냐, 카통 락사가 특별한 음식이냐고 되물으니, 집주인이 살짝 정색하며 카통 락사를 먹어보지 않고 싱가포르 락사를 먹어봤다는 말은 하지 말란다. 그러면서 내일 아침에 원조 카통 락사를 먹으러 가자고 한다. 얼떨결에 그러자고 했다.

싱가포르의 대표적인 면 요리라는 락사는 사실 도착 첫날 먹어봤다. 태국에서 먹어본 코코넛 밀크에 빨간색 커리 소스가 들어간 '카오 소이'하고 비슷한 것도 같고, 미얀마에서 먹은 커리 국수인 '카욱 쉐'와도 맛이 비슷했다. 그러나 이튿날 아침 친구 집 주인이 데리고 간 원조 카통 락사 가게에서 본 음식은 예상과는 완전히 달랐다. 커리가 들어간 국물인 거 같은데 훨씬 더 멀겋고 그릇에 숟가락이 담겨 나왔다. 면 요리라면 당연히 젓가락 아닌가? 나는 숟가락으로 몇 번 국물을 휘저어 보다 맛을 봤다. 갈린 건새우 같은 게 들어갔는지 건더기가 씹혔다. 싱가포르 락사의 기원과도 같은 카통 락사를 그렇게 처음 접했다. 그 후 싱가포르에 갈 때면 창이공항에서 그리 멀지 않은 카통에 들러 카통 락사 한 그릇을 먹는 것이 일종의 입국 신고가 되었다.

락사는 싱가포르 그리고 말레이시아를 대표하는 면 요리다. 인도네시아에도 락사가 있고, 태국이나 미얀마 등지에도 커리를 넣어 만든 국물을 베이스로 한 면 요리는 많다. 그런데도 싱가포르와 말레이시아의 락사가 전 세계적으로 주목받은 이유는 무엇일까? 락사가 어떤 음식인지, 락사 한 그릇에 담긴 이주민과 토착민 문화의 혼종성, 혹은 조화에 대해 이야기해보자.

이주민과 현지인의 만남이 낳은 혼종 요리

'락사(laksa)'라는 명칭의 기원은 다양하다. 산스크리트어로 '십 만'이라는 뜻이 있고, 페르시아어나 힌디어로는 '면(lakhshah)'을 의미한다고 한다. 어원보다 주목할 점은 바로 락사라는 커리가 들어간 면 요리가 말레이시아의 페낭, 믈라카, 인도네시아의 메단(Medan), 빨렘방(Palembang), 자카르타 그리고 싱가포르 같은 해협(straits)의 항구 도시에서 유래했고 유행했다는 것이다. 7세기부터 동남아시아에 진출한 아랍 상인들이 모여들었던 항구 도시에서부터 이슬람이 전파되었다는 역사적 배경을 생각한다면 락사라는 이름이 페르시아어에서 유래했다는 설명도 충분히 설득력이 있다. 한편, 이들 해협 지역 항구 도시들은 아랍 상인뿐만이 아니라 육로로, 그리고 바닷길을 통해 새로운 시장을 개척하고자 동남아시아에 모여든 중국인과 인도인의 집합지였다. 즉 락사는 다양한 문명과 이를 배경으로 한 사람들 간 역동적인 교류와 역사적인 교섭이 이루어지는 가운데 생겨난 음식인 것이다.

락사라는 음식이 탄생하는 데 가장 크게 이바지한 역사적 사건은 바로 동남아시아로 온 중국인 이주민과 현지인의 '교혼(intermarriage)'이라고 할 수 있겠다. 중국식 면 요리와 현지의 향신료, 향초가 함께 만들어낸 새로운 음식이 바로 락사다. 중국 상인들은 이미 고대부터 동남아시아를 드나들기 시작했는데, 이들이 본격적으로 정착하기 시작한 것은 14~15세기 명 시대에 이루어진 '정화 원정' 때라고 할 수 있겠다.

'정화하서양(鄭和下西洋)'으로 불리는 이 원정은 지리적으로 가까운 동남아시아 진출을 위한 것이었다. 정화는 원정 내내 동남아시아 여러 왕국을 명 왕조의 조공국으로 만드는 데 주력했다. 총 일곱 번의 원정이 이루어지는 사이 중국인들이 정화처럼 새로운 기회를 찾기 위해 동남아시아로 이주했다. 이들이 훗날 유럽 제국의 동남아시아 식민 통치 강화에 중요한 인적 자원으로 활용되면서, 아직도 남아 있는 동남아시아 현지인과 화교·화인 출신 간 갈등의 기원이 된다.

미지의 땅 동남아시아로 이주한 중국인은 대부분 남성이었고, 이들은 안전한 정착을 위해 현지 여성과 결혼했다. 중국인 이주민 남성과 동남아시아 현지인 여성 간 교혼은 동남아시아 해협 지역에서 주로 이루어졌는데 말레이시아와 인도네시아에서는 이들을 '페라나칸(Peranakan)' 혹은 '해협 중국인'으로 분류했다. 페라나칸은 말레이어로 아이를 뜻하는 '아나크(anak)'에서 유래한 말로 해외에서 이주한 남성과 현지 여성 사이에서 태어난 혼혈과 그들의 후손을 지칭하는 말이다. 이주 남성은 '바바(baba)' 그리고 이들과 결혼한 여성을 '뇨냐(nyonya)'라고 부른다. 인도네시아에서는 중국인이 모인 지역을 '뻐찌난(pesinan)'이라고 불렀는데, 이곳에 정착한 중국 이주민은 현지인과의 결혼을 통해 신분 보장뿐만 아니라 현지에서의 안정적인 생활을 원했다.

미식 동남아

말레이시아 페낭 지역의 페라나칸 뇨냐와 바바 ⓒAlec Ewe from en.wikipedia.org

중국인 이주민 남자와 결혼한 현지인 아내는 남편이 먹는 요리에 자기에게 익숙한 지역 향신료와 코코넛 밀크 등을 더한 혼종 음식을 만들어냈는데, 이러한 풍습이 페라나칸 문화의 근간이 되었다. 말레이시아와 인도네시아의 락사는 중국인 이주민과 현지인이 가정을 꾸리면서, 그리고 싱가포르식 락사는 말레이시아 출신 페라나칸과 싱가포르 현지인의 교혼으로 탄생했다. 여기에 해협 항구 도시에 도착한 아랍과 인도인들의 영향으로 락사의 종류와 풍미는 더욱 다양해졌다. 락사를 만드는 국수와 면 요리의 전통은 중국에서 왔으며 코코넛 밀크와 새우 페이스트, 타마린드 같은 재료는 말레이의 영향을 받았다. 쿠민, 고수, 카다멈(Cardamom) 같은 향신료는 인도의 영향이라고 할 수 있다.

면은 밀국수와 쌀국수 모두 쓰는데 말레이시아와 싱가포르 국경에 있는 조호르(Johore)에서는 우리가 흔히 아는 스파게티면을 쓴다. 19세기 말 조호르를 통치하던 술탄이 이탈리아를 방문했을 때 스파게티를 맛보고는 너무 좋아한 나머지 왕궁 요리사에게 락사에 버미셀리 대신 스파게티 면을 넣으라고 한 데서 유래되었다고 한다. 국물 색이 붉어서 첫인상에는 매운 커리처럼 보이지만, 타마린드 과육(아쌈 자워)과 말레이시아와 태국에서 나는 겔르구라는 과일을 저며서 말린 타마린드 슬라이스·껍질(아쌈 끄삥 혹은 아쌈 겔르구르)로 만들어서 고추가 내는 매운맛보다는 시고, 톡 쏘는 맛이 더 강하다. 우리가 흔히 아는 싱가포르 락사는 여기에 인도의 향신료가 가미되어 커리에 가까운 맛이 난다.

락사 국물에 코코넛 밀크를 넣느냐 마느냐에 따라서 '아쌈 락사'와 '커리 락사'로 나뉜다. 여기서는 아쌈 락사의 간판격인 '페낭 락사'와 커리 락사의 대표 격인 '카통 락사'를 살펴보겠다.

생선으로 맛을 낸 아쌈 락사와 페낭 락사

말레이어로 '아쌈(asam)'은 신맛을 내는 재료를 통칭하는데, 타

미식 동남아

무슬림 축제 하리라야(Hari Raya) 파티 때 말레이계 싱가포르 친구 집에서 먹은 말레이식 락사

마린드 과육이나 타마린드 슬라이스로 신맛을 낸 락사를 '아쌈 락사'라고 부른다. 이 아쌈 락사에는 코코넛 밀크를 쓰지 않고 신선한 생선을 넣기에 생선 커리에 가깝다고 할 수 있다. 일반적으로 아쌈 락사의 주요 재료는 잘게 썬 생선, 특히 고등어류와 오이·양파·붉은 고추·파인애플·박하 잎과 말레이어로는 '다운 꺼숨(daun kesum)', 베트남어로는 '라우람(rau răm)'이라고 불리는 향초, 잘게 썬 '붕아 칸딴(bunga kantan)'이라고 불리는 생강과 꽃 등이다. 매운맛을 추가할 때는 삼발과 같은 칠리 페이스트를, 단맛과 짠맛을 추가할 때는 '헤이코(heiko, haeko)'로 불리는 검은색의 새우 향이 나는 소스를 넣는다.

　락사가 국물이 들어간 면 요리라 페라나칸 혹은 중국의 영향을 가장 많이 받은 음식으로 생각할 수 있다. 실제로 락사를 페라나칸 음식이라고 부르는 경향이 있다. 하지만 말레이시아에 서 락사가 페라나칸 부엌에서만 만들어진 것이 아니라는 걸 증 명하는 음식이 있으니 바로 이 '아쌈 락사'를 대표하는 '페낭 락 사'다.

페낭은 '동양의 진주'라는 별명이 있고, 실제로 동서 해양 무 역의 중심지였지만 페낭 사람들 모두 화려한 삶을 살았던 건 분 명 아니다. 가난한 어부의 가족은 팔고 남은 생선들, 작고 뼈가 많은 것과 찌꺼기를 모아 끓여서 먹었다. 생선 비린내도 잡고 향을 돋구기 위해 타마린드 껍질과 향신료를 넣고, 남은 과일이 나 채소로 양을 불렸다. 이렇게 만들어진 음식이 바로 페낭 락 사의 시작이다.

비슷한 락사 종류인 '끄다 락사(Kedah Laksa)'가 말레이시아 북 부의 끄다(Kedah)주에서, '떼렝가누 락사(Terenganu Laksa)'가 말레이 시아 동부 해안 지역에서 나왔다. 즉 팔지 못하는 생선들을 모 아 끓인 생선국에 이주민의 아내인 뇨냐가 '붕아 칸딴'과 같은 재료들을 추가하고 면을 넣어 먹으면서 지금의 페낭 락사가 만 들어진 것이다.

여기에는 페낭이라는 국제적인 항구 도시의 흔적이 짙게 배 어 있다. 타마린드는 열대 아프리카가 원산지인데 남부 인도 왕 국과의 무역을 통해 말레이 공동체에 소개되었을 것으로 추측 된다. 아메리카 대륙이 원산지인 고추는 분명 포르투갈인이, 동 남아시아 지역에서 흔한 레몬그라스나 붕아 칸딴 외의 향신료

미식 동남아

말레이시아 쿠알라룸푸르 국제공항에 있는 올드타운 카페에서 먹은 아쌈 락사

는 남부 인도 상인과 이주민이 소개했을 것이다. 이처럼 페낭의 '아쌈 락사'는 전 세계에서 몰려든 음식 문화와 재료가 융합하여 만들어낸 혼종 음식으로 한 사람, 한 세대에 완성된 것이 아니라 역사를 거듭하며 진화해왔다.

코코넛 밀크로 만드는 뇨냐 락사와 카통 락사

코코넛 밀크를 넣은 락사를 말레이시아와 싱가포르에서는 '커리 락사('커리 미'라고도 불림)' '락사 르막(Laksa Lemak)' 혹은 '뇨냐 락사'라고 부른다. '르막'은 코코넛 밀크가 들어간 음식을 의미한다. 싱가포르 락사 국물을 만드는 향신료는 인도의 영향을 적잖이 받았다. 아쌈 락사가 생선 육수를 기본으로 하는 반면 락사 르막은 닭 육수를 선호한다. 물론 새우나 다른 해산물이 락사 르막의 국물을 내는데 들어가는데, 딱히 정해진 레시피가 있다기보다는 그날그날 '뇨냐'가 어떤 재료를 구했는지에 따라 달라진다고 할 수 있다.

페라나칸 음식 문화의 주인은 뇨냐라고 할 수 있다. 그녀들의 손에 어떤 재료가 쥐어지느냐에 따라 페라나칸 음식 문화의 저변이 계속 확대되어 왔기 때문이다. 그래서 페라나칸 락사는 '뇨냐 락사'라고 한다. 싱가포르의 락사 문화는 이 '뇨냐 락사'에서 시작되었다고 할 수 있다. '뇨냐 락사'는 '름빠(rempah)'로 불리는 향신료 페이스트를 만드는 데서 시작한다. 고추, 강황, 양강근(galangal), 레몬그라스, 샬롯, 마늘, 쿠쿠이나무 열매 등에 '불라짠(발효한 새우 페이스트)', 건새우 등을 섞어 잘 빻는다. 이 름빠에 신선한 코코넛 밀크와 육수(새우, 생선 혹은 닭고기로 낸)를 첨가하면 국물이 만들어진다. 면을 넣은 뒤에 향초로 고명처럼 장식하고 필요하다면 삼발과 같은 고추 양념을 추가한다.

카통 락사가 바로 이 뇨냐 락사의 대표 격이다. 푸젠성(복건성, Fujian) 출신으로 페라나칸과 결혼한 '장굿(Janggut, 긴 수염)'이라는 별명을 가진 화교가 1960년대부터 카통 지역에서 뇨냐 락사를 팔기 시작하면서 카통 락사의 역사가 시작되었다고 한다. 말레이시아나 싱가포르의 페라나칸은 경제적·사회적 지위가 높아

미식 동남아

서 노점상이나 행상으로 생계를 이어 나가는 일이 드물었다. 하지만 1940년대 초 일본이 태평양 전쟁을 일으키고 말레이시아와 싱가포르를 침략하면서 이들 역시 타격을 받았고 먹고살기위해 거리로 나서야 했다. 장궁 역시 양어깨에 냄비를 메고 카통주변 부두에서 락사를 팔다가 카통에 첫 락사 식당을 열었다.

물론 장궁 이전에도 싱가포르에 락사는 있었다. 1912년 〈싱가포르 자유 언론과 상업 광고〉라는 신문에서 락사에 대한 기록을 찾아볼 수 있고, 유명한 시인이 1931년에 쓴 시에서도 "새벽 4시 모두가 잠자는 시간에도 나는 사람들이 먹을 락사를 준비한다. (…) 내 락사가 평범한 밥보다 더 인기가 있다"라는 구절이 있다. 장궁 역시 1950년대에 카통 지역을 돌아다니며 락사를팔던 푸젠성 출신 호커에게 뇨냐 락사 레시피를 배웠다고 한다.당시 푸젠성 출신 화교들은 부유한 페라나칸 가정에서 허드렛일을 하거나 가사도우미로 일하는 경우가 많았다. 집안 대대로내려오던 가보와도 같은 레시피가 이들을 통해 세상으로 나온것이다. 뇨냐 락사에서 카통 락사로 이어지는 전통이 오늘날 싱가포르 락사의 역사를 만들었다고 할 수 있다.

물론 싱가포르에서 카통 락사 말고도 다양한 종류의 락사를찾아볼 수 있다. 슈퍼마켓에서는 인스턴트 락사도 살 수 있다.락사 맛 버거, 락사 맛 파스타처럼 전통을 재해석한 음식도 많이 나오고 있다. 싱가포르에서 살면서 말레이계 싱가포르 친구들과 종종 맛집을 찾아다녔던 나는 락사도 좋아하지만 '미 리부

싱가포르 동부의 카통 거리에 있는 숍하우스

스(mie rebus, mee rebus 혹은 mie kuah)'로 불리는 끈적끈적한 국물이 있는 면 요리도 즐겨 먹었다. 그런데도 굳이 중심가에서 떨어진 카통에서 락사를 먹으며 '입국 신고'를 하는 이유는 이곳에서 보낸 시간에 대한 그리움과 예의의 발현인 것 같다. 장소에 대한 기억과 그리움 안에는 감각으로 느끼는 맛과 함께 머리로 기억되는 장면과 이야기가 있다. 싱가포르를 생각하면 카통 락사와 그곳에서의 조용하고 무던하던 삶이 툭 튀어나오는 이유다.

미식 동남아

3부

❖❖❖❖❖❖❖❖❖❖❖❖❖❖

국적과 인종을 뛰어넘는
아시아의 맛
-볶음밥 이야기

❖❖❖❖❖❖❖❖❖❖❖❖❖❖

미얀마 볶음밥 **터민쬬**
인도네시아 볶음밥 **나씨고렝**
태국 바질 볶음 **팟 끄라파오**
싱가포르 **치킨 라이스**
베트남 쌀밥 **껌떰**

미얀마 볶음밥 터민쬬

대학생 시절 처음 배낭여행을 시작했을 때부터 내게는 일종의 '여행 공식'이 있었다. 첫째, 안전한 숙소를 찾아 짐을 풀 것과 둘째, 숙소 근처에서 물과 필요한 용품들을 살 수 있는 시장이나 마트를 찾을 것과 마지막으로 부담 없이 한 끼 식사를 할 수 있는 식당을 물색하는 것 등이다. 괜히 객기를 부려 낯선 음식을 먹었다가 탈이 나 며칠 동안 숙소를 벗어나지 못하고 시간을 낭비한 경험이 허다해 적어도 여행 초반에는 '안전한' 음식을 찾는 게 중요했다. 그래야 남은 일정을 무난하게 소화할 수 있었으니까.

그렇다면 타지에서 먹을 만한 안전한 음식은 무엇일까? 아마 대부분 생각이 비슷할 텐데, 그중에서도 자기에게 맞는 음식이 있을 것이다. 미국이나 유럽에서는 일단 식빵과 잼, 그리고 물을 사서 숙소에 쟁여놓았다. 아시아에서는 무조건 흰쌀밥이

콩과 노란색 강황 가루가 들어간 빼뽁 터민쬬 ⓒ박성민

었다. 배낭여행을 한창 다닐 때는 즉석밥이 없었지만, 흰쌀밥은
어디에서나 구할 수 있는 저렴한 주식이었다. 그리고 나서 숙소
근처에 식당을 찾는다. 여행을 시작한 첫 며칠 동안은 주로 아
시아 음식을 하는 식당을 찾았다. 배낭 여행객들이 몰리는 로컬
식당에 빠지지 않는 메뉴 두 가지가 있다. 바로 볶음국수와 볶
음밥이다. 종류가 많아도 선택하는 데 크게 고민하지는 않는다.
들어가는 육류 종류를 고르거나 더 간단하게는 채소 볶음밥을
시키면 끝이다.

이러한 공식에 따라 미얀마 양곤에 도착한 첫날, 첫 끼니는
'터민쬬'로 했다. 바로 미얀마식 볶음밥이다. 전 세계적으로 볶
음밥을 만드는 방식은 비슷하다. 채소나 육류, 그리고 밥을 넣

어 볶으면 끝이다. 그 위에 달걀을 올리느냐, 소스를 뿌리느냐 등의 차이만 있을 뿐이다. 미얀마식 볶음밥 터민쬬도 예외는 아니다. 그래서 굳이 길게 소개를 늘어놓을 필요가 있을까 싶었지만, 여기에도 우리가 몰랐던 역사와 문화가 있기에 놓칠 수는 없었다. 이 간단한 볶음 음식에는 인도와 중국이라는 거대 문명과 교류하면서 자기 고유성을 지키려는 미얀마인들의 모습이 어려 있다.

인도식도 아닌 중국식도 아닌 미얀마식

미얀마인에게도 한국인처럼 '터민'으로 불리는 백미로 지은 쌀밥이 주식이다. 터민 중에서 '뻐싼므에'라고 불리는 향미(香米)가 가장 인기가 많고 '까욱닌'이라고 불리는 찹쌀과 '응아체익'이라고 불리는 보라색 쌀도 많이 먹는다. 한국에서 명절에 쌀로 떡을 빚듯이 미얀마에서는 축제나 명절 기간에 코코넛이 들어간 쌀밥이나 향을 가미한 밥을 지어 먹는다. 이 쌀밥을 '힌'이라고 불리는 고기나 생선·채소 등으로 만든 반찬과 함께 먹는데, 생선이나 새우로 만든 발효 젓갈 '응아삐'나 그레이비소스(gravy sauce)가 쌈장이나 젓갈처럼 반찬에 포함되는 게 일반적인 미얀마 가정식이다.

미얀마의 음식 문화를 이야기할 때 대체로 인도와 중국의 영

미얀마 만달레이 거리 식당에서 먹은 발효 찻잎(렛펫)이 들어간 렛펫터민 ©문기흥

향이 적당히 섞여 있으면서도 요리에 향초를 많이 사용하는 태국 음식 문화의 영향이 주를 이룬다고 한다. 수 세기 동안 관계를 맺어온 중국과 달리, 대영 제국의 아시아 식민지 총괄자 역할을 담당했던 인도에 대한 미얀마인들의 감정은 조금 복잡하다. 미얀마와 인도는 가까운 이웃이다. 특히 국경이 맞닿은 북부 지역의 문화는 수 세기간의 교류로 서로 닮아 있었다. 문제는 대영 제국이 인도를 통해 미얀마를 통치했다는 점이다. 이러한 통치 방식은 인도와 미얀마 둘 다 영국의 식민지지만, 대등하지 않다는 인식을 키우기에 충분했고, 마치 미얀마가 인도의 속국인 것처럼 여겨지게 했다.

1885년 영국의 점령에 저항한 미얀마와의 3차 영국-미얀마

미식 동남아

전쟁이 끝나자마자 인도인의 미얀마 이주가 본격화되었다. 인도인 노동자의 대량 이주는 인도식 재료와 요리법, 향신료를 미얀마로 유입시켰고, 이로써 미얀마 음식 문화는 직접적으로 인도의 영향을 받는다. 이 과정에서 한국의 반찬에 해당하는 미얀마의 '힌'을 인도의 커리에 익숙한 영국인들이 미얀마식 커리로 부르게 되면서, 마치 미얀마 음식이 인도 문화에 종속되는 듯한 인상을 준다.

이에 반대한 가장 대표적인 인물이 아웅산 수치다. 그는 1981년에 발간된 수필집 『공포로부터의 자유』에 "서양인들이 '커리'라고 부르는 미얀마식 커리는 실제 인도식 커리보다 향신료를 적게 쓰고 마늘과 생강을 더 많이 써서 맛이 인도식 커리와 다르다"라고 썼다. 실제로 인도식 마살라나 커리 가루가 들어간 미얀마 요리는 인도 본토 출신이라는 뜻의 '껄라'라는 말이 들어가 '껄라쳇힌'이라고 따로 부른다. 즉 인도식 커리와 미얀마식 '힌'은 서로 다른 종류의 음식이다.

중국인들의 미얀마 이주가 본격화한 것도 영국의 식민 통치가 시작될 무렵이었지만, 미얀마인들은 오랜 시간 교역으로 다져온 중국에 대해 상대적으로 우호적인 태도를 보였다. 대표적인 예로, 미얀마인은 인도인들을 부를 때 '이방인' 혹은 '외국인'이라는 의미가 있는 '껄라'라는 말을 쓴다. 그러나 중국인에게는 '형제'를 의미하는 '빠욱퍼'라고 한다. 미얀마 음식에서 보이는 중국의 영향은 음식 재료와 양념에서 두드러진다. 음식에 간장과 콩으로 만든 장, 굴소스 등을 쓴다. 중국인들이 좋아하는 셀러리, 표고버섯, 배추, 겨자, 콩나물 등으로 만든 요리도 많다. 하지만 미얀마인들은 중국의 음식 문화를 그대로 받아들이지는 않았다. 이를 가장 잘 보여주는 사례가 중국에서 유래되었다고 하는 볶음밥을 미얀마식으로 해석한 '터민쪼'다.

시대에 따라 변해온 알록달록 터민쪼

아이러니하게도 쌀이 주식인 아시아 음식에 관한 요리책에는 밥으로 한 요리를 찾아보기가 힘들다. 오히려 밥과 같이 먹는 커리나 조림 요리 등이 주를 이룬다. 볶음밥은 하나의 요리로 보지 않고 남은 식재료와 찬밥을 처리하기 위해 만든 한 접시 음식 정도로 취급한다. 그만큼 흔하기 때문일까. 밥이 남는다는 건 밥을 상시 짓는다는 의미다. 미얀마도 그렇다.

미얀마의 쌀 생산량은 미얀마 전체 농업 생산량의 40% 이상을 차지하고, 쌀 종류만도 약 2000여 종에 이르는 것으로 알려져 있다. 오늘날 전 세계에서 일곱 번째로 큰 쌀 생산국으로 2차 세계 대전 때까지만 해도 전 세계에서 쌀 생산과 수출을 가장 많이 하는 나라였다. 그렇게 미얀마의 쌀을 유럽 각지로 수출해 막대한 이익을 챙긴 건 정작 영국의 식민 통치자들이었다. 그들은 인력 수급과 상품 운송을 원활히 하려고 철길을 내고, 생산

양곤의 작업장에서 쌀을 체로 치고 있다. ⓒAdam Jones from en.wikipedia.org

증대를 위해 관개 수로를 만들었다. 지금은 생산량이 다른 경쟁
국들에 비해 떨어지는 편이지만 소비만큼은 여전하다. 미얀마
는 세계적으로 쌀을 많이 소비하는 국가 10위 안에 들어간다.

　볶음밥에 과연 특별한 조리법이나 비법이 있을까 싶지만, 실
제로 비교해보면 나라마다 특징이 있다. 예를 들어 인도네시아,
말레이시아, 싱가포르, 브루나이에서는 단간장으로 맛을 내어
색이 상대적으로 검은 편이다. 반면에 태국, 캄보디아, 베트남
에서는 피시 소스로 짠맛을 내어 색이 상대적으로 옅다. 필리핀

식 볶음밥에는 단간장이 아닌 우리나라의 국간장과 비슷한 옅은 색 간장이 들어간다. 라오스에서는 레드 커리 양념이 들어가 한국의 김치볶음밥과 비슷한 색이 난다.

이렇게 다양한 볶음밥 요리 방법이 동남아시아에 존재하는 가운데 미얀마의 터민쬬를 돋보이게 하는 것은 바로 강황 가루와 삶은 완두콩이다. 찰기가 별로 없는 '뻐싼므에' 쌀로 지은 밥에 양파, 마늘 등을 놓고 강황 가루와 간장을 넣어 볶은 뒤 끝으로 완두콩을 넣으면 노란색의 볶음밥에 초록색 콩이 옹기종기 모여 있는 듯 그 색감이 뛰어나다. 여기에 생선 젓갈 '응아뻬쬬'와 양파, 청고추, 식초로 만든 오이 피클을 올려서 먹으면 느끼함이 느껴지지 않는 담백한 음식이 된다. 그래서 미얀마에서는 터민쬬가 아침 식탁에 종종 등장한다.

인도 향신료를 대표하는 강황 가루가 들어가서 미얀마의 터민쬬가 인도의 '비리야니'의 변형이 아닌가 의심하기도 한다. 하지만 비리야니는 일정 정도 익힌 재료들과 쌀을 커다란 솥에 층층이 쌓아 익히는 것이고, 터민쬬는 프라이팬에서 볶아서 만든 요리이기에 둘은 엄연히 다르다. 그리고 미얀마의 전통적인 터민쬬에는 육류나 해산물이 들어가지 않는다. 미얀마인 대다수가 불교도이기 때문이다. 이들은 고기를 먹을 수는 있지만 동물을 죽일 수 없다는 교리에 따라 대부분 무슬림과 중국인들이 운영하는 정육점에서 고기를 사다 먹어야 했다. 그래서 육류가 들어간 요리보다는 채식 중심의 요리가 훨씬 더 발전했다.

양곤에 있는 쩻샤준 식당에서 닭고기 비리야니를 서빙하고 있다.
ⓒBessie and Kyle from flickr.com

강황이라는 식물의 원산지가 인도라는 점과 강황이 동남아
시아로 전파하는 데 불교와 힌두교의 영향이 컸다는 점은 미얀
마와 인도의 오랜 관계를 보여준다. 강황은 요리나 약재 이전에
염료로 쓰였다. 인도 불교가 동남아시아로 전파될 때 승려복을
염색할 목적으로 강황이 함께 전해졌다고 한다. 미얀마뿐만 아
니라 고대 시대부터 힌두교와 불교가 전파된 베트남, 캄보디아,
태국, 인도네시아 같은 나라는 강황 뿌리와 가루를 상대적으로
일찍 접할 수 있었고 이를 요리 재료나 약재로 사용해왔다. 그

래서 이들 나라에도 강황 가루를 넣은 볶음밥이 있다. 물론 같은 재료를 쓴다고 해서 같은 음식이 나오는 것은 아니지만.

시대가 변하면서 터민쬬도 달라졌다. 1990년대에 '쏘민쬬'라는 볶음밥이 양곤 대학교를 중심으로 유행하기 시작했다. 당시 양곤 대학교 지질학과에 재학 중이던 '쏘민'이라는 학생이 고등학교 시절 학교 근처 가게에서 먹던 터민쬬의 맛을 잊지 못해 양곤 대학교 근처에서 그 레시피대로 볶음밥을 만들어서 판 데서 비롯했다고 한다. 쏘민쬬에는 터민쬬 기본 재료 외에 연근, 콜리플라워, 당근 등이 들어가고 구운 돼지고기를 위에 올린다. 쏘민쬬는 당시 유행하던 소설과 드라마에 등장하면서 젊은이들의 사랑을 받는 메뉴가 되었다.

볶음밥은 워낙 우리에게 익숙하고 타국에서도 안전하게 먹을 수 있는 평범한 음식이다. 그래서 남은 재료 처리용으로 일축하는 것은 좀 불공평하다는 생각이 든다. 오히려 볶음밥은 평범한 재료로 창의성을 발휘할 실험이 가능한 흥미로운 음식이다. 특히 타국에서 만나는 독특한 재료가 쓰인 볶음밥은 그 나라 음식 문화의 특성과 역사를 엿볼 유용한 탐구 자료다.

인도네시아 볶음밥 나씨고렝

2016년 9월 프로축구팀 맨체스터 유나이티드의 수비수로 유명한 전 잉글랜드 축구 선수 리오 퍼디난드는 싱가포르의 호텔 숙소에서 주문한 나씨고렝 사진을 트위터에 올리면서 '로컬' 음식을 먹는다고 자랑했다. 그의 트위터는 삽시간에 퍼져 나갔고, 곧 인도네시아 트위터 사용자들로부터 조롱과 비난을 받았다. 나씨고렝은 인도네시아 음식인데, 왜 싱가포르 것을 '현지 음식'이라고 했느냐는 얘기였다. 퍼디난드는 곧 '로컬'을 '동남아시아'로 정정했다. 하지만 나씨고렝을 둘러싼 온라인상의 논란과 충돌은 쉬이 가라앉지 않았다. 한국과 일본 그리고 최근 가세한 중국 사이에서 잊을 만하면 재점화되는 '김치 논쟁'이 인도네시아와 싱가포르, 말레이시아 사이에 벌어진 것이다.

한국과 중국, 일본이 유교 문화권이듯 인도네시아, 말레이시

족자카르타의 구눙 끼둘 리전시 거리 음식점에서 파는 나씨고렝 ©Elisabeth Arti Wulandari

아 그리고 1965년에 독립한 싱가포르와 브루나이(1984년 영국에서 독립)는 말레이 문화권으로 묶인다. 말레이 문화권은 7세기에 중동에서 인도를 거쳐 동남아시아로 온 아랍 상인들에 의해 이슬람교가 전파되면서 발전했다. 13세기부터 동남아시아에서 교역을 통해 번창한 이슬람 왕조들은 말라야에서 인도네시아를 가로질러 보르네오, 술라웨시, 말루쿠(Maluku), 현재 필리핀 남부의 술루 군도에 이르는 광대한 지역에 이슬람 해상 제국을 건설했다. 이들은 공물이 아닌 무역에 집중했는데, 16세기 들어 특히 번창했던 이슬람 세계 무역은 싱가포르에서부터 필리핀 남

미식 동남아

파당의 부낏띵기(bukittinggi) 전통 시장에서 파는 삼발 ©정정훈

부까지 말레이 문화권을 형성하는 데 매우 중요한 가교 역할을
했다. 비슷한 기후와 지형 그리고 고대에서부터 이어진 긴밀한
왕래 덕분에 종교와 민족이 달라도 의식주는 비슷해졌다. 오늘
날 인도네시아의 국어인 '바하사 인도네시아'도 말레이어에서

비롯했다.

말레이 문화권을 개개의 국가로 나눈 것은 바로 제국주의였다. 말레이시아는 영국령, 인도네시아는 네덜란드령, 필리핀은 스페인령으로 강제 편입되면서 말레이 문화권 안에 경계가 생겼다. 그전까지만 해도 활발히 교류하면서 생활양식을 공유하던 사람들이 말레이시아인, 인도네시아인, 필리핀인 등으로 나뉘게 된 것이다.

퍼디난드에 의해 촉발된 나씨고렝 논쟁은 어찌 보면 원래 하나였던 문화권이 분리되면서 생긴 필연적인 현상인지도 모른다. 흥미로운 점은 대다수가 나씨고렝(밥을 볶는다는 뜻의 말레이어)이 중국 남부에서 시작된 볶음밥을 화교와 화인들이 동남아시아로 가져왔다는 데에 동의한다는 것이다. 이들이 논쟁을 벌이는 지점은 나씨고렝의 현지화 과정이다.

단간장과 새우 페이스트로 맛을 낸 볶음밥

인도네시아 요리책이나 역사책을 보면 인도네시아에 볶음밥을 전파한 이들이 중국인들이었다는 내용이 나온다. 전기밥솥이나 전자레인지가 없었던 시절에 전날 먹다 남은 찬밥을 처리하는 방법 중 하나가 바로 볶음밥이었다. 10세기 전후로 중국에서 웍이 만들어지고, 볶음 요리법이 개발되면서 볶음밥 요리가 빠르게 퍼졌다.

쌀이 주식인 다수의 아시아 국가에서는 찬밥 활용법이 다양하게 발달했다. 특히 날이 덥고 습도가 높은 동남아시아에서는 음식이 쉬이 변질해서 남은 밥은 볕에 말린 뒤 빻아 가루로 만들거나 쌀과자를 만들어 먹는 등의 방법으로 해결했다고 한다. 중국과의 교류가 확대되기 시작한 10세기부터 정점에 이른 15세기 사이에 전해졌다고 알려진 중국의 볶음 기술과 조리 도구인 웍은 잔반 처리를 두고 비슷한 고민에 빠져 있던 인도네시아인들로부터 환영받았을 것이다. '볶음밥'은 냉장고나 다른 저장 기술이 발전하기 전, 그리고 지금처럼 대량의 농산물 생산이 가능하기 이전에 음식을 낭비하지 않으려는 의지와 필요에 따라 개발된 요리다.

중국식 볶음밥이 말레이 문화권에서 나씨고렝으로 거듭나는 데 있어 일등 공신은 '께짭 마니스(Kecap Manis)'라 불리는 단간장과 '뜨라시"(terasi)'라고 불리는 새우 페이스트라고 할 수 있겠다. 19세기 중반 자바섬 남부에 설탕 공장이 세워지면서 기존에 중국에서 들여온 간장에 인도네시아에서 나는 팜 설탕(야자 설탕 혹은 종려당)이 첨가되어 께짭 마니스가 탄생한다. 새우 페이스트는 동남아시아 음식 문화에서 피시 소스만큼이나 오랫동안 널리 사용되었고, 인도네시아의 뜨라시(terasi) 역시 다른 동남아시아의 새우 페이스트처럼 소금에 절여 발효한 잔 새우를 갈아서 만든 것이기에 냄새가 매우 강하고 염도가 높다. 이 양념

외에도 향신료의 천국답게 인도네시아의 나씨고렝에는 '붐부 (bumbu)'라고 불리는 여러 가지 향신료를 갈아서 만든 자연산 조미료가 첨가된다.

　중국식 볶음밥은 향이 강하지 않고, 색이 옅어 우리나라 계란밥에 가깝지만, 인도네시아 나씨고렝은 향도 강하고 색도 짙다. 같은 볶음밥도 사람들 입맛과 취향에 따라 다르게 만들어진다. 인도네시아식 나씨고렝을 만들 때는 잘게 다진 마늘과 샬롯을 기름에 볶아 풍미가 기름에 배게 한 뒤 붐부 양념을 넣어 다양한 향이 어우러질 때쯤 준비한 채소와 육류를 볶고, 그다음에 밥을 넣어 볶는다. 여기에 께짭 마니스와 뜨라시를 섞은 소스를 부어 잘 볶으면 설탕이 기름과 불을 만나 만들어내는 캐러멜 향 같은 단 향이 밥에 고루 밴다. 색이 진한 단간장과 새우 페이스트 덕분에 밥 색깔도 갈색에 가깝다. 여기에 고온의 기름에 튀겨 바삭한 샬롯(바왕 고렝)과 전분으로 만든 칩(끄루뿍, 혹은 께루뿍)을 올려주면 정통 인도네시아식 나씨고렝이 완성된다.

나씨고렝 종주국 논쟁과 다문화주의

　축구 선수 리오 퍼디난드가 그러했듯 외국인이나 관광객들이 아시아를 방문했을 때 부담 없이 찾는 현지 음식 중 하나가 볶음밥이다. 전 세계 각국에서 만들어지는 여행 프로그램에서,

혹은 여행 안내서에서 동남아시아 음식 문화를 소개할 때 빠지지 않는 메뉴 역시 현지식 볶음밥이다. 이렇게 인기가 많다 보니 '원조'를 둘러싼 나씨고렝 종주국 논쟁이 생겼다.

2011년 시엔엔(CNN) 인터내셔널이 3만 5000명을 대상으로 실시한 '세계에서 가장 맛있는 음식 50가지' 온라인 여론 조사에서 인도네시아의 른당(Rendang)과 나씨고렝이 각각 1위와 2위를 차지했다. 2018년 인도네시아 관광부는 인도네시아 대표 음식 다섯 가지에 나씨고렝을 선정했다. 그런데 나씨고렝이 넷플릭스와 같은 대형 스트리밍 엔터테인먼트 기업이 만든 여행 프로그램에서 '인도네시아의 길거리 음식'으로 소개되거나, 인도네시아 쪽에서 유네스코 선정 문화유산에 나씨고렝을 포함시키려고 캠페인이라도 벌이면, 이 음식 문화를 공유하는 국가 사이의 충돌은 불가피해진다. 이는 동남아시아만 겪는 일이 아니다. '음식 민족주의(food nationalism, culinary nationalism, 혹은 gastronationalism)'라는 용어가 최근 대중 매체와 학계에 심심치 않게 등장하는 이유도 그렇다.

아이러니하게도 음식 문화는 우리가 일상생활에서 경험하는 배타적 민족주의나 다문화주의(multiculturalism)의 중심에 있다. 유네스코는 2013년에 '김장'을 한국의 무형유산으로 지정했다. 이는 곧 북한과 일본의 저항을 불러왔다. 김치나 피클처럼 채소를 절이고 발효히여 보관하는 방법은 전 세계 여러 곳에서 오랫동안 개발되어왔다. 또한 한국의 김치가 지금처럼 맵고 빨갛게 된

반둥 길거리에서 파는 나씨고렝 ⓒ박정훈

데는 17세기 초 남미에서 가져온 고추를 조선에 소개한 포르투
갈 상인들의 기여를 무시할 수 없다. 하지만 김치가 한국의 전
통 음식이 되면서 이러한 역사적 맥락이 간과되기도 했다. 주재
료인 배추와 양념에 들어가는 고춧가루, 액젓 등 모두가 국산이
어야 그 가치를 인정받는 듯하다.

오늘날 세계적으로 인기를 얻는 음식 중 고립된 역사를 가
진 것은 드물다. 나씨고렝만 해도 지역·국가 간 경계가 생기기
이전부터 육로로, 해상으로 자유롭게 전 세계를 누볐던 상인,
순례자, 탐험가, 그리고 여행객의 교류로 태어났다. 고향과 방
문지에서 재료를 가져오고, 새로운 요리법을 배워오면서 풍부
해진, 셀 수 없이 많은 교류와 경험의 산물이다. 중국인의 볶음

미식 동남아

족자카르타의 구눙 끼둘 리전시 거리 식당에서 음식을 준비하는 부부. 바닥에 돗자리를 깔아서 손님들이 앉아서 먹을 수 있게 했다. ©Elisabeth Arti Wulandari

밥 문화는 전 세계에 영향을 미쳤지만, 일단 타지로 전파가 되면 그곳 현지의 독특한 맛과 향을 머금게 된다. 한국의 볶음밥과 인도네시아·말레이시아·싱가포르에서 가장 쉽게, 부담 없이 먹을 수 있는 나씨고렝은 중국 음식으로 보기 어려울 만큼 현지화되었다. 지역에 따라 개성 있게 진화한 볶음밥을 두고 벌이는 원조 논쟁이 무의미한 까닭이다. 오늘날 여러 재료가 섞인 볶음밥 한 그릇은 다문화주의의 상징에 가깝다.

제2차 세계 대전 이후 동남아시아의 국경선이 분명해졌다. 그동안 서구 식민지였던 지역이 신생 독립국이 되었기 때문이다. 전쟁과 뒤이은 냉전이 끝나고 무한 경쟁의 세계화 시대가 도래하자 문화는 그 나라의 '브랜드 파워'를 결정하는 힘을 얻게 되었다. 음식 문화도 그렇다. 하나의 음식이 관광 상품이 되는 것은 물론 그 나라의 정체성과 국민성을 상징하는 소위 '소프트 파워'가 된 데는 이러한 배경이 있다. 그러나 '소프트파워'의 단골 메뉴로 음식이 주목받으면서 갈등의 소지도 커졌다. 비슷한 음식을 공유하는 문화권 내에서 '고유성(authenticity)' 문제가 제기되었고, 이는 종주국 논쟁으로 이어졌다. 인도네시아식 나씨고렝이 더 전통적인지, 말레이시아 나씨고렝이 더 '진짜'에 가까운지를 두고 많은 말들이 오갔다.

볶음밥 한 접시에는 다양한 사회·경제·문화적 배경이 녹아 있다. 시시때때로 맛과 형태를 달리했다는 뜻이다. 지금도 어떤 재료를 넣는지, 어떠한 방법으로 볶아내는지에 따라 그 종류와 이름이 달라진다. 나씨고렝도 그렇다. 새우가 들어가는지, 닭고기가 들어가는지, 단간장이 들어가는지, 진간장이 들어가는지에 따라 그 이름이 바뀐다. 그중 무엇이 '진짜 나씨고렝'일까? 어쩌면 우리는 이러한 질문 자체에 질문을 던져야 하지 않을까.

태국 바질 볶음 팟 끄라파오

2018년 6월 23일, 훈련을 마친 유소년 축구팀 선수 12명과 코치 1명이 치앙라이주에 있는 동굴 탐사를 갔다가 조난당하는 사건이 벌어진다. 실종된 지 10일 만에 영국에서 달려온 잠수 구조대에 의해 생존이 확인된 7월 2일에는 전 세계의 이목이 쏠렸고, 미국·호주·영국·중국에서 파견된 구조대가 태국 정부와 협력하여 이들을 구하기 위한 작전을 세운다. 하지만 이들이 갇힌 동굴은 구조가 복잡하고 때마침 시작한 장마로 계속 물이 흘러들어 아이들을 구출하는 데 일주일이 더 걸렸다. 결국 7월 10일, 사고 발생 20여 일 만에 전원 구조되었다. 맨 먼저 구조된 4명의 소년에게 각지에서 모여든 기자들이 먹고 싶은 음식이 있냐고 물어보자 이들은 '팟 끄라파오'라고 대답했다.

프랑스 작가 마르셀 프루스트의 소설 《잃어버린 시간을 찾

쭐랄롱꼰 대학교 근처 짬쭈리 스퀘어에서 먹은 팟 끄라파오

아서》에서 주인공 마르셀은 마들렌을 먹는 순간 잊혔던 과거의
기억을 되살린다. 내게는 팟 끄라파오가 그렇다. 현지 연구 기
간 2년 동안 태국에서 가장 많이 먹었던 태국 음식이기 때문이
다. 가격도 저렴하고 포장도 쉽고, 닭고기인지 소고기인지 고기
종류를 정하고 달걀 프라이를 올릴지 말지만 결정하면 되는 패
스트푸드지만 편의점에서 사 먹는 도시락보다 훨씬 더 맛있고
영양가도 높다. 처음에는 이름에 볶는다는 뜻의 '팟'이 들어가서
팟타이 같은 볶음 요리일 거로 짐작했다. 그런데 막상 접시를
받아 보니 홀리 바질을 뜻하는 '끄라파오'를 고기와 볶아서 밥에
올려놓은 일종의 덮밥 같은 요리였다. 동남아 음식에 익숙해졌
다고 했지만, 바질을 볶았다는 말에 처음에는 거부감이 들었던

것도 사실이다. 그런데 막상 먹어보니 매운맛이 강한 깻잎에 간 고기를 볶은 듯한 맛이다. 한동안은 신기해서, 익숙해지면서는 정말 맛있어서 즐겨 찾은 음식이 되었다. 아직도 태국 드라마를 보다가 주인공들이 식당에서, 거리에서 팟 끄라파오를 먹는 장면이 나오면 방콕 구석구석이 떠오르곤 한다.

태국에서 가장 유명한 음식이기는 하지만 사실 팟 끄라파오의 역사는 그리 길지 않다. 볶음 기술을 사용하는 요리는 대체로 태국 내에 중국인들이 정착하기 시작하면서 전파되었고, 기록에도 볶음 요리가 태국에 자리 잡기 시작한 시기는 대체로 19세기 후반부로 나와 있다. 대부분 역사가나 요리 연구가들은 팟 끄라파오가 대중화된 시기가 1950년대라는 데 동의한다. 팟타이처럼 의도적으로 탄생한 국민 음식은 아니지만, 미국의 막대한 원조 경제로 급격한 산업화와 근대화를 경험한 태국인들에게는 저렴하고 신속하게 배를 채울 음식이었기에 50년 사이에 대중적인 서민 음식으로 자리 잡았다.

최근 들어 이 스테디셀러인 팟 끄라파오에 정통성 시비가 붙었다. 그리 길지도 않은 역사를 가진 음식이 왜 이러한 논란에 휘말리게 되었을까? 먼저 이름이 '홀리 바질 볶음'인 만큼 태국에서 홀리 바질이 사용된 역사를 알아보고 나서 '팟 끄라파오' 레시피 정통성에 대한 논란을 살펴보자.

미식 동남아

홀리 바질 ⓒDavid Dettmann

'신성한 식물' 홀리 바질로 맛을 낸 팟 끄라파오

바질의 종류는 다양하다. 태국에서는 이탈리아 요리에도 흔히 쓰이는 스위트 바질(바이 호라파, 영어로 'Thai Basil'이라고도 부름), 레몬 바질(바이 맹락), 그리고 홀리 바질(바이 끄라파오)이 주로 사용된다. 팟 끄라파오에 들어가는 바질은 홀리 바질이다. 홀리 바질은 스위트 바질보다는 정향(clove)이나 박하 잎(mint)에서 나는 톡 쏘는 맛이 좀 더 나고 그 향도 강하다. 그래서 홀리 바질이 들어간 음식은 스위트 바질을 넣은 것보다 더 강한 향이 나고 맵게 느껴진다.

태국에서는 이 식물을 19세기 말 이전부터 식재료와 약재로 썼는데, 이렇게 된 데는 힌두교의 영향이 크다고 한다. 인도가 원산지인 홀리 바질은 힌두교의 삼대 주신인 비슈누의 아내였던 락슈미 여신을 상징한다. 그래서 비슈누를 숭배하는 이들에게는 매우 신성한 식물로 여겨진다. 힌두교 신자가 많은 인도와 네팔에서는 집에서 홀리 바질을 키우는데, 일부러 집안 혹은 마당 한가운데 두어 그 향이 곳곳에 퍼지게 하여 마음을 정화하고 명상을 돕는다고 한다. 물론 종교 의식에도 빠지지 않는 것이 이 홀리 바질이다.

크메르 제국이 오늘날 태국의 동북부를 지배하던 1000년 전에도 힌두교가 동남아시아에 널리 전파되어 있었다. 제국주의 시대에도 인도인들의 태국 이주가 끊임없이 이어지면서 힌두교 문화가 태국의 불교문화와 자연스럽게 결합하였다. 그 대표적 예시가 현 태국의 입헌 군주 짜끄리 왕조의 상징이 힌두 신비슈누가 타고 다녔다는 '가루다'라는 새의 형상이라는 점이다. 이렇듯 불교의 영향이 거의 지배적인 현재에도 태국 곳곳에서 힌두교의 영향을 찾아볼 수 있다.

향과 매운맛이 강한 만큼 홀리 바질은 향초를 좋아한다는 태국인들에게도 생으로 먹기에는 부담이 커서 주로 요리할 때 향과 맛을 내기 위해 넣는다. 특히 비린내 나는 생선이나 노린내가 심한 육류를 조리할 때 많이 쓴다. 홀리 바질 특유의 쏘는 맛은 복통을 치유하고 소화를 촉진하며 강한 향은 벌레를 쫓아내는 데 효과가 있다고 알려져 약재나 벌레 퇴치제로도 쓰인다.

홀리 바질을 이용해 팟 끄라파오를 만드는 가장 간단한 방법은 시중에 나와 있는 양념장을 넣고 잘게 다진 고기와 홀리 바질 잎과 함께 볶는 것이다. 시중에서 파는 양념장은 고수 뿌리, 후추, 생강, 풋고추, 쥐똥고추, 마늘, 양파 등을 빻아서 만든다. 프라이팬에 기름을 두르고 먼저 이 양념장을 볶은 뒤, 준비한 육류를 넣고 피시 소스와 설탕 그리고 취향에 따라 조미료를 넣어 단맛과 짠맛이 조화를 이룰 수 있도록 고루고루 섞어가며 볶는다. 여기에 줄기를 제거한 홀리 바질 잎을 넣고 다시 한번 볶는다. 백미로 지은 밥 위에 팟 끄라파오를 올리고, 취향에 따라 달걀 프라이를 올리면 오리지널 팟 끄라파오가 완성된다.

태국판 IMF 위기와 레시피 논란

태국인들 사이에서 스테디셀러로 알려진 팟 끄라파오가 논란의 중심에 선 것은 경제·사회적 여건의 변화 때문이다. 오리지널 팟 끄라파오의 주재료는 육류와 홀리 바질이었는데, 소비층이 확대되면서 바뀌기 시작했다. 대표적인 게 스트링 빈(string bean)이라고 알려진 껍질째 먹는 줄기 콩이다. 상인들이 육류 비율을 줄이고, 이 줄기 콩의 비율을 높여 재료비를 줄이려고 하면서 논란이 불거졌다. 게다가 어린 옥수수나 당근, 양파 등의

태국 가정에서 만드는 팟 끄라파오 재료. 마늘, 고추 옆에 줄기 콩이 보인다. ⓒDavid Dettmann

채소를 추가하여 팟 끄라파오의 전통적 레시피를 거스르고 있다는 게 비판의 핵심이다. 5대 영양소를 모두 갖춘 팟 끄라파오의 정통성을 훼손한다는 것이다. 2022년 10월 태국의 3대 일간지 중 하나인 〈타이랏(Thai Rath)〉은 아예 1968년에 나온 요리책의 팟 끄라파오 레시피를 소개하면서 줄기 콩은 전통적 재료가 아니라고 결론 내렸다. 재료비를 아끼려고 채소로 팟 끄라파오를 만들어 파는 상인들을 에둘러 비판한 셈이다.

1950년대 팟 끄라파오가 베스트셀러가 될 무렵 태국의 경제 상황은 한국보다도 훨씬 좋았다. 2차 세계 대전 전후로 팟타이를 국민 음식으로 만들어낸 피분 송크람 장군은 우여곡절 끝에 1948년에 다시 총리직을 맡았다. 태국 군부 내에서 장악력을 잃

미식 동남아

손님을 기다리는 방콕의 노점 식당 상인들 ©Ian Gratton from flickr.com

기 시작한 그는 미국의 힘을 빌려 피도 눈물도 없는 권력 투쟁
에서 우위를 점하려고 했고, 결국 1950년 7월 미국 동맹국 중 처
음으로 한국 전쟁에 파병을 선언한다. 그 결과 태국은 미국으로
부터 막대한 경제·군사 원조를 받고, 이를 기반으로 산업화·근
대화에 전념할 수 있었다.

피분의 재집권을 전후로 강화된 군부 중심 개발 독재는 근대
화에 성공한 듯 보였지만 빈부 격차 심화, 정경 유착으로 인한
부정부패의 확대로 이어졌으며, 이는 1997년 외환 위기의 씨앗
이 되었다. 한국의 IMF 위기가 아직도 전 국민의 트라우마로 남
아 있듯, 태국의 경제도 당시 심각한 타격을 받았다. 설상가상
으로 2007~08년 세계 금융 위기는 악몽과도 같았던 1997년의

경험에서 완전히 빠져나오지 못한 절대다수 태국인을 또다시 살얼음판으로 내몰았다.

팟 끄라파오 논란이 나온 것이 이 무렵이다. 상인들이 줄기 콩을 넣어 태국의 전통을 해치고 자기 이익만을 챙긴다는 비판이 커졌다. 2004년 한국에서 일어난 '쓰레기 만두소' 논란과 비슷하다. 당시도 불량 식재료로 원가 절감을 노린 상인들에 대한 질타가 이어졌다. 팟 끄라파오에 넣을 고기 양을 줄이려 한다는 비판도 같은 맥락이다.

나 역시 관련 기사들을 접하고 나서 내가 기억하는 팟 끄라파오가 오리지널 레시피로 만들어진 것이 아니었다는 데에 적잖이 충격을 받기도 했다. 그러던 중 〈뉴욕 타임스〉에 소개된 한 태국인 음식 블로거의 글을 접했다. 그는 요리의 변화는 불가피하다는 점을 전제로 하면서 한 인류학자의 명언을 인용했다. "우리가 계속 요리를 한다면, 음식은 우리와 함께할 것이고, 성장할 것이다. 그러니 우리를 위해 요리하는 이들을 존경하라."

음식 문화의 변신은 멈추지 않는다. 외부의 영향에 의해서, 혹은 내부의 창조적 노력으로 계속 발전한다. 지금껏 그래왔고 앞으로도 그럴 것이다. 팟 끄라파오에 줄기 콩이 들어갔다고 해서 정통성과 정체성을 잃었다는 말은 그래서 맞지 않는다. 5대 영양소가 모두 들어간 음식이라 훌륭하다면, 줄기 콩이 더해줄 무기질과 비타민에 오히려 고마워해야 할 일이다. 그런데도 마치 상인들이 막대한 이익을 취하려 전통을 훼손한다는 식으로

태국 식당에는 고추를 넣은 식초나 고춧가루, 설탕, 간장과 피시 소스 등의 양념 통이 갖춰져 있다. 각자 취향에 따라 다양한 맛으로 팟 끄라파오를 즐길 수 있다.

과대 해석하는 것이 맞을까? 음식 문화에 대한 진정성, 더 나아가 이를 만드는 사람들에 대한 결례는 아닐까? 중요한 것은 고기가 더 들어가든 줄기 콩이 더 들어가든, 팟 *끄라파오* 한 접시에 담긴 태국 서민들의 삶과 역사는 계속된다는 사실이다.

싱가포르 치킨 라이스

2009년 9월 말레이시아 관광부 장관은 국제 미식 축제 중 기자와의 인터뷰 도중에 다른 나라들이 말레이시아 고유의 정체성을 가진 요리를 '납치'하고 있다고 말한다. 싱가포르를 대표하는 음식으로 알려진 '칠리크랩'과 '하이난식 치킨 라이스'가 원래는 말레이시아 음식이니 이들 음식에 대한 말레이시아인의 소유권을 주장해야 한다는 것이다. 그의 발언은 곧 온오프라인에서 수많은 저항과 비판을 불러일으키면서 양국 간 역사적 논쟁으로 이어졌다.

싱가포르는 1965년에 생긴 신생 국가다. 물론 그렇다고 해서 1965년 이전에 지구상에 없었다는 뜻은 아니다. 싱가포르는 1965년 말레이시아로부터 '독립'했다. 말레이시아로서는 싱가포르가 '분리'된 셈이다. 말레이시아 관광부 장관의 발언은 '분

싱가포르에서 파는 하이난식 치킨 라이스 ⓒChoo Yut Shing from flickr.com

리' 이후 싱가포르가 말레이시아 전통 음식을 마치 자기들 것처럼 홍보한다는 데 대한 비판과도 같다. 이후에도 말레이시아와 싱가포르 사이에는 소위 '음식 전쟁(food fight)'이 이어졌다. 그러면서 음식을 유네스코 문화유산으로 지정하려는 노력과 함께 음식 관련 역사 연구를 확대하고 대중에 알렸다.

장관이 언급한 '하이난식 치킨 라이스'는 그 이름에서도 알 수 있듯, 중국 남부 하이난(해남)이 고향이다. 이 음식은 하이난섬의 원창시(文昌市, 문창시)에서 자란 토종닭을 조리하는 과정에서 나온 육수로 밥을 지어 만든 데에서 유래했다. 쉽게 말하자면 '닭 육수로 지은 밥'인 것이다. 여기에 양념장과 닭고기를 같이 먹는 일종의 한 그릇 음식이다. 원창 지역에서는 이 치킨 라이스를 무려 진나라(기원전 900년~기원전 206년) 때부터 만들어 먹기 시작했다고 한다.

이름에 이미 원조가 하이난이라고 명시된 한 그릇 음식을 두고 왜 말레이시아와 싱가포르는 소유권 논쟁을 벌이는 것일까? 우선 하이난식 치킨 라이스가 말레이시아에 정착한 역사적 배경과 자리 잡은 과정을 살펴보고 양국 간 '음식 전쟁'에 관해 이야기해보자.

기회의 땅, 말라야의 저렴한 한 끼 요리

말라야(Malaya)는 오늘날 말레이시아 반도 전체를 일컫는다. 서구 제국주의자들은 지정학적으로 인도양과 태평양을 연결하는 지점이자 천연자원이 풍부하고 수 세기 동안 축적된 해상 무역 경험과 기반 시설이 있는 이 지역에 눈독을 들였다. 19세기 초부터 영국 왕실은 이미 보호령으로 지정한 말라야 내 몇몇 지역을 거점 삼아 주변 지역으로 영향력을 확대했다. 특히 말라야의 주석과 고무는 영국을 비롯한 서유럽의 산업화를 뒷받침하는 중요한 자원이었다. 영국은 자원과 무역을 독점하고자 1895년 '말레이 연합국(Federated Malay States)'을 만들어 이 지역을 자신의 통제하에 두었다. 이는 곧 대규모 농장(플랜테이션)과 광산 산업의 확대로 이어졌고, 노동력 수요의 급증은 중국인 이주 노동자들의 유입을 가속했다.

말레이시아 조호바루에 있는 하이난인협회 ⓒChongkian from en.wikipedia.org

　영국 식민 통치의 절정기였던 1880년부터 1940년 사이 중국
에서 수많은 노동자가 기회와 부를 찾아 말라야 지역으로 왔다.
이들의 출신 지역은 매우 다양했는데, 그중에서도 18세기부터
이주를 시작한 광둥성 출신의 호키엔(福建人, 복건인)이나 뗴오추
(潮州人, 조주인) 출신 화교들은 농업과 상업에서 입지를 넓히고
있었고, 주석 광산과 고무 농장에서 일하는 노동자들 대부분 이
지역 출신이었다.

　상대적으로 늦게 동남아시아에 진출한 하이난 출신 이주 노
동자들은 이전에 정착한 화교와는 다른 방언을 썼고, 지연에 기
반한 공동체의 지원도 적어서 기존 화교들의 진출이 덜한 서비

스업에 종사했다고 한다. 식당에서 허드렛일을 하고 가사도우미로 일하던 하이난 출신 이주 노동자들은 수입이 적은 탓에 닭 한 마리로 여러 번 끼니를 해결할 '치킨 라이스'를 선호했다. 이들이 현지에서 조달할 수 있는 닭과 쌀, 채소나 향신료로 고향 음식을 만들어 먹으면서 말라야 지역에 치킨 라이스가 퍼졌다. 1930년대에는 쿠알라룸푸르에 있는 식당에서 '하이난식 치킨 라이스'가 팔리기 시작했고, 싱가포르에는 1940년에 첫 하이난식 치킨 라이스 식당이 생겼다.

제2차 세계 대전이 일어나고 일본이 '대동아 공영권'을 외치며 동남아시아 지역 곳곳을 점령하면서 영국 식민주의자들은 황급히 짐을 챙겨 떠났다. 영국 회사가 운영하던 광산이나 농장이 문을 닫으면서 다수의 중국인 이주 노동자들은 실직 상태에 놓인다. 일본의 패망으로 전쟁은 끝났지만 하이난 출신 이주 노동자들은 여전히 생계가 어려웠다. 그들은 생계를 위해 치킨 라이스를 거리에서 팔았고, 그렇게 하이난식 치킨 라이스는 중국계 이주민뿐만이 아니라 말레이인들이 거리에서 쉽게 접할 수 있는 저렴한 한 끼 식사로 자리 잡는다.

1957년 영국으로부터 완전한 독립을 선언하고 출범한 말라야 연방(Federation of Malaya)은 1963년 싱가포르, 사라왁(Sarawak), 북보르네오 등을 합병하여 오늘날 말레이시아를 수립한다. 그러나 말레이 출신 통치자들이 말레이인의 특권을 주장하며 타지 출신, 특히 중국인의 말레이 동화 정책을 추진하자 갈등이 깊어

미식 동남아

진다. 결국 1965년 8월 9일 싱가포르는 말레이시아로부터 독립하고 이와 동시에 말레이시아와 싱가포르 간의 문화 전쟁, 특히 '음식 전쟁'이 시작되었다.

싱가포르-말레이시아 간 치킨 라이스 전쟁

동남아시아에 정착한 중국인 이주 노동자들이 가져온 면 요리나 볶음 요리가 현지화 과정을 거친 것처럼 하이난식 치킨 라이스도 현지 환경과 입맛에 맞게 발전했다. 하이난성 원창 지역에서 유래한 하이난식 치킨 라이스는 닭고기가 완전히 익을 때까지 삶은 뒤 실온에서 식히고 썰어서 닭고기 육수로 지은 밥 위에 얹어서 낸다. 오늘날 싱가포르에서 먹는 하이난식 치킨 라이스는 삶은 닭고기를 얼음물에 담가 닭 껍질과 고기 사이에 얇은 젤라틴을 만든다. 원창 치킨 라이스의 밥은 하얀색에 가깝고 닭고기 육수 맛이 강하지 않지만 싱가포르와 말레이시아에서 만들어지는 치킨 라이스는 밥이 노란색에 가깝고 더 기름진 편이다.

원창 지역 닭은 방목된 토종닭답게 몸집은 작고 근육이 많은데 광둥 방식을 접목한 치킨 라이스는 육질이 연한 어린 닭을 쓴다. 이외에도 치킨 라이스를 만드는 방식은 다양하게 개발되었다. 닭을 삶는 대신 통째로 후추와 소금으로 밑간을 해서 말린 뒤 통째로 튀긴 닭고기나, 간장으로 밑간을 하여 구워낸 닭고기를 치킨 라이스 위에 올리는 레시피도 있다. 이들 음식은 싱가포르 치킨 라이스 식당에서 쉽게 찾아볼 수 있다. 닭고기와 밥의 풍미를 한결 더 깊게 하는 양념장도 다양해졌다. 하이난식의 기본 재료인 고추와 생강, 진간장 외에 동남아시아에서 쉽게 찾아볼 수 있는 라임과 마늘이 추가되었다. 향신료와 향초가 풍부한 동남아시아 지역에서 만들어진 소스라 훨씬 더 향이 강하고 매워진 것이다.

한 가지 흥미로운 점은 하이난이라는 섬 지역의 특징이다. 송나라 시대 시인 소동파가 좌천을 당해 이곳에 3년간 머물렀는데, 그는 동파육(東坡肉)의 시조로 알려질 정도로 미식가였다고 한다. 처음에는 먹을 게 없다고 불평했다는 그가 얼마 지나지 않아 열대에 가까운 섬의 풍요로운 자연이 내어준 각종 과일과 채소를 이용해 채소 수프를 만들고, 유명한 지방주인 사오싱주(Shaoxing wine, 紹興酒, 소흥주)를 이용해서 굴찜을 만들었다. 동파육에 사용되는 사오싱주는 원래 하이난식 치킨 라이스를 만들 때 닭을 조리하는 과정에 들어가는데 그 독특한 단맛이 일품이다. 즉 하이난에서 먹던 치킨 라이스는 싱가포르와 말레이시아로 이주한 노동자들이 먹은 저렴한 음식이 아니라, 섬에서 난 재료들이 풍부하게 들어간 지방식 '별미'였다.

한국도 지역마다 김치의 종류와 맛이 다르듯 싱가포르의 하이난식 치킨 라이스의 레시피는 무척 다양하고 어느 게 더 맛있

싱가포르 차이나타운 스미스 거리에 있는 하이난 치킨 라이스 가게
ⓒChoo Yut Shing from flickr.com

는지, 더 전통적인지를 증명하려는 듯 서로 경쟁한다. 이를 잘 보여주는 영화가 싱가포르에서 2000년도에 개봉해 인기를 끌었던 로맨틱 코미디 영화 〈치킨 라이스 전쟁〉이다. 같은 시장에서 치킨 라이스 식당을 운영하는 두 가족이 집안 대대로 내려오는 레시피로 서로 경쟁하던 중, 로미오와 줄리엣처럼 그 집안의 아들과 딸이 사랑에 빠진다는 내용이다.

2009년 말레이시아 관광부 장관의 발언으로 촉발된 말레이시아와 싱가포르의 음식 전쟁은 2011년 시엔엔(CNN)이 싱가포르의 하이난식 치킨 라이스를 세계 50대 음식 중 하나로 선정하

방콕 실롬에서 먹은 태국식 치킨 라이스 '카오 만 까이'

면서 국제무대로 확대되었다. 2018년에는 말레이시아 재무장
관이 싱가포르가 치킨 라이스를 자국 고유 음식으로 주장하는
것을 내버려 둔다면 중국의 차오몐(炒麵, 초면)의 종주국도 자기
들이라고 우길 거라고 비꼬면서 재점화되었다. 이에 싱가포르
는 지속적으로 치킨 라이스를 비롯한 싱가포르의 음식 문화에
대한 국제 사회의 인정을 끌어내는 데 주력했다. 결국 2020년
싱가포르의 야외 푸드 코트인 호커 센터(hawker center)가 유네스
코가 지정한 인류무형문화유산 목록에 이름을 올리게 된다.

군이 이 음식의 주인이자 종주국을 따진다면 당연히 '하이난'
이다. 새로운 삶의 터전을 찾아 떠난 하이난 출신 이주 노동자가 정착한 곳은 말레이시아와 싱가포르뿐만이 아니다. 싱가포르와 말레이시아 다음으로 화교 인구가 많은 태국에도 '카오 만 까이'라는 하이난식 치킨 라이스가 있다. 팟 끄라파오만큼이나 태국에서 대중적인 인기가 높은 음식이다. 태국식 치킨 라이스에 익숙하던 내가 싱가포르에 처음 가서 먹은 음식도 치킨 라이스였다. 이미 맛과 재료를 알고 있었기에 별다른 생각은 없었다. 그때 싱가포르와 말레이시아가 이 음식을 놓고 외교 전쟁을 벌인다는 사실을 알았다면 그 맛이 달랐을까? 굳이 이름부터 '하이난'식 치킨 라이스인 음식을 두고 말레이시아와 싱가포르가 자기 음식이라고 주장하는 게 맞기는 한가?

치킨 라이스 한 접시에는 아는 사람도 없고, 말과 음식 등 모든 게 낯설었던 하이난 출신 이주 노동자들의 애환이 배어 있다. 그들은 쥐꼬리만 한 월급을 받으며 식비를 아끼려고 한 번 만들어서 여러 차례 배불리 먹을 음식을 만들었다. 하이난식 치킨 라이스에는 서러움과 어려움 속에서도 고향의 맛을 잊지 않으려 애썼던 이들의 삶이 오롯이 담겨 있다. 치킨 라이스는 말레이시아와 싱가포르에 정착한 하이난 사람들의 음식이다.

베트남 쌀밥 껌떰

태국 친구들이 종종 하는 농담이 있다. 한국에 사계절이 있듯 태국에는 세 개의 계절이 있단다. 더움(hot), 몹시 더움(hotter) 그리고 최고 더움(hottest). 그만큼 더운 나라인 태국에 처음 갔을 때 가장 이해가 안 간 것 중 하나가 바로 길거리 음식 문화였다. 일과를 끝내고 저녁해가 뉘엿뉘엿 질 무렵 하숙집으로 걸어가다 보면, 옷깃이 까매질 정도로 매연도 심하고 발 디딜 틈도 없어 보이는 좁디좁은 거리에 노상 음식점들이 눈에 띈다. 마치 거리 전체가 커다란 부엌 같다. 그 거리 한구석에 숯불을 피워놓고 꼬치구이를 만드는 상인들이 있다. 눈을 감아도 그 연기와 냄새만 쫓아가면 가 닿을 수 있을 만큼 강력하다. 매운 숯불 연기에 눈을 찡그리면서도 쉼 없이 꼬치를 뒤집는 모습을 보면 존경심이 생길 정도다.

베트남 호찌민시 7군 비보시티 쇼핑몰 뒤 포장마차에서 먹은 닭고기가 들어간 껌뗌(껌가)
©김정현

　하루는 친구 어머니가 저녁 식사 초대를 하셨다. 태국 가정집
은 처음 가봤는데 부엌이 야외에 있어 놀랐다. 이유를 물으니,
집안에서 요리하면 너무 덥고 냄새도 많이 나기 때문이란다. 태
국 음식에 들어가는 고추나 향신료들을 생각하면 충분히 납득
이 갔다. 그러다 보니 왜 방콕에 그렇게 거리 식당이 많은지도
이해가 갔다. 거리에서 사 먹는 음식이 훨씬 더 저렴하고 종류
도 다양하고 맛있는데 굳이 집에서 땀 흘리고 냄새 풍기며 요리
할 필요가 없을 것도 같았다. 무엇보다 나처럼 부엌이 없는 원
룸 하숙집에서 사는 이방인에게는 반가운 일이었다. '혼밥' 먹기

를 어색해하지 않으며 자연스레 사람들 틈에 섞여 여유롭게 한 끼를 든든히 해결할 수 있는 곳이 바로 거리 식당이었다. 야외 부엌이 가져다준 낯설음은 거리 식당과 함께 익숙함으로 변해 갔다.

미국 시애틀에서 베트남 친구의 소개로 '껌떰'을 처음 먹어보았다. 나중에 껌떰이 베트남 거리 식당에서 파는 흔한 음식이라는 이야기를 들었을 때, 꼬치구이 연기와 분주하게 접시에 밥을 푸는 상인의 모습이 바로 떠올랐다. 껌떰을 추천한 베트남 친구는 원래 베트남에서는 밥을 가득 채운 그릇을 접시 위에 뒤집어 엎어 돔 모양으로 만들고 그 옆으로 꼬치구이와 저민 오이를 올려서 준단다. 재료들이 가지런히 놓인 유리 진열장 안에 다른 꼬치구이도 있으니 그때그때 기분에 따라 골라 먹으면 된다고 했다. "방콕하고 비슷하네!" 하면서도 내심 내년에는 베트남에 꼭 가야지 하고 다짐했었다.

동남아시아 음식 문화에 대한 글을 쓰면서 '밥' 이야기를 하는 게 쉽지 않다고 느낀 이유는 바로 이 껌떰과 같은 거리 음식 때문이다. 베트남식, 혹은 태국식 인스턴트 음식에 속하는 이 거리 음식에는 식상한 것 같으면서도 생각지도 못했던 사람과 환경의 역사가 있다. 껌떰은 미음에 들어갈 것 같은 작은 쌀알로 지은 밥에 숯불로 구운 고기를 얹은 한 그릇 요리다. 태국에서 종종 먹던 비닐봉지에 든 찹쌀밥과 고기 꼬치구이와 비슷해 보였지만 주메뉴인 밥이 달랐다. 베트남 껌떰의 밥은 지중해

호찌민시 7군 비보시티 쇼핑몰 뒤 껌떰 노상 음식점 ⓒ김정현

와 아프리카에서 주로 먹는 밀가루 알갱이 '쿠스쿠스(couscous)'를 찐 것 같은 식감을 가지고 있다. 쌀밥의 찰기와 곡식에서 나는 단맛이 어우러진 맛이다. 그래서 찾아보니 껌떰을 '부서진 쌀(broken rice)'이라고 부른단다.

껌떰의 밥을 짓는 쌀은 고소한 향기와 맛이 나서 '재스민 쌀'로 불릴 만큼 향미가 풍부하다. 세계적인 쌀 생산국이자 많은 쌀을 소비하는 나라인 베트남에서 '부서진 쌀'로 만든 밥이 호찌민시의 베스트셀러이자 스테디셀러라는 건 사실 좀 의외였다. 껌떰의 역사에 관심을 가질 수밖에 없었던 이유다. 여기서는 먼저 껌떰의 역사와 배경을 살펴보고 어쩌다 이 '불완전한' 쌀이

베트남 메콩 삼각주 지역의 모내기 ©Văn Long Bùi from flickr.com

그 유명한 사이공(호찌민시의 옛날 이름)의 대표 음식이 되었는지
를 이야기해보려 한다.

가난한 사람이 먹는 부서진 쌀

'껌(cơm)'은 쌀로 지은 밥이라는 뜻이고 '떰(tấm)'은 부서진 쌀이
라는 뜻이다. 즉 부서진 쌀로 지은 밥이다. 한국에서 흔히 불면
휙 하고 날아갈 것 같다고 표현하는 동남아시아 쌀은 인디카종
이다. '안남미'라고 불리기도 하는데 조선 왕조 말기에 안남이라

미식 동남아

고 불렸던 베트남 중부 지역의 쌀을 수입하면서 생긴 명칭이라고 한다. 곡식의 알이 길고 찰기가 거의 없는 인디카종은 동남아시아와 남아시아와 같은 열대 지역과 아열대 지역에서 주로 재배된다. 베트남 남부 메콩 삼각주 지역에서도 이 인디카종을 재배했다. 수확과 도정 과정에서 부러지거나 갈라진 쌀은 상품 가치가 떨어져 훨씬 싼 값에 팔렸고, 풍년일 때는 아예 동물의 사료로 쓰거나 쌀가루로 만들었다.

부서진 쌀이라고는 하지만 맛이나 영양 면에서는 온전한 쌀과 큰 차이가 없다. 물을 적게 넣어 밥을 지으면 이탈리아 쌀 요리인 리소토에 들어간 밥처럼 탱글탱글해지고, 물을 많이 넣어 익히면 죽처럼 찐득해진다. 무엇보다 이 쌀의 최대 강점은 빨리 익는다는 것이다. 이는 조리 시간뿐만이 아니라 밥을 짓기 위해 써야 하는 연료가 절약된다는 것을 의미한다. 그래서 베트남에서는 껌땜을 가난한 사람이 먹는 쌀이라고 했다.

가난한 사람이 먹어도 쌀은 쌀이다. 19세기 말 프랑스 식민통치로 베트남 경제는 피폐해지고 메콩강 삼각주처럼 비옥한 땅에서 난 쌀은 해외로 팔려 나갔다. 특히 흉년이 오거나 가뭄, 홍수 등으로 농사로 망치면 안 그래도 가난한 농민들은 먹을 게 없었다. 그들이 부서진 쌀을 먹기 시작한 이유는 바로 식민 통치자들의 수탈과 계속된 기근이 가져온 굶주림이었다. 풍년일 때는 논밭에서 고생하는 소에게 먹이로 주던 쌀을 농민들이 쪄서 먹기 시작한 것이다.

프랑스 식민 통치 시기 메콩강 삼각주 지역 농민들 ⓒManhhai from flickr.com

　20세기 초 프랑스 식민주의자들은 사이공을 태평양과 동남
아시아를 잇는 항구 도시로 개발하고자 집중적으로 투자했다.
돈을 벌기 위해 농민들은 도시로 이주했고, 이는 가난한 촌부들
의 음식을 사이공이라는 대도시에 확산시키는 데 기여했다. 가
난한 농민에서 저임금 도시 빈곤층으로 전락한 메콩강 유역 출
신 이주민들이 껌떰을 사이공에 가져왔다. 여기에 프랑스인뿐
만이 아니라 중국인 화교, 인도인 금융업자, 그리고 미국과 다
른 유럽 지역에서 몰려든 사업가들이 기존 레시피에 고명을 올
렸다. 그렇게 껌떰은 젓가락보다는 숟가락과 포크로 먹는 음식
으로 변모했다.
　1930년대 사이공에서 '마 하이(Ma Hai)'라는 여성이 돼지고기
와 달걀 장조림을 찐 밥과 함께 팔고 있었다. 그녀는 쌀값이 치

　　　　　　　　　　　　　　　　　　　　　　미식 동남아

숫자 상대적으로 가격이 저렴한 부서진 쌀 '떰'으로 밥을 지었다. 동남아시아에서 자라는 '판단(pandan)' 잎을 깔고 그 위에 불린 떰을 얹어 찐 다음에, 쪽파 기름이나 튀긴 돼지비계 등을 얹고 피시 소스(액젓) 양념 소스와 함께 내놓았다. 알갱이가 작아 소화가 잘되는 밥인 데다가 가난한 일용직 노동자도 배불리 먹을 만큼 가격이 저렴해서 껌떰은 곧바로 입소문을 탔다. 급기야 사이공에 거주하던 프랑스인 공장주나 사업가들이 가게로 찾아와 기본 메뉴에 스테이크를 추가해줄 수 있느냐고 했고 이때부터 포크로 먹는 음식이 되었다고 한다. 마 하이의 껌떰이 명성을 얻자 사이공 곳곳에 껌떰 식당이 들어섰다.

역사가 긴 만큼 껌떰은 호찌민시를 대표하는 요리다. 하노이와 비교하면 사이공식 껌떰이 얼마나 대중적인지를 알 수 있다. 흔히 호찌민시 사람들은 하노이 사람들이 '퍼'를 먹듯이, 혹은 그보다 더 자주 껌떰을 먹는다고 한다. 껌떰을 먹지 않고서는 호찌민시에 다녀왔다고 말할 수 없다는 말이 있을 정도다. 실제로 베트남 작가나 기자들이 쓴 글을 보면 1990년대까지도 하노이에서 껌떰을 찾기 힘들었다는 내용이 나온다. 그리고 아직도 호찌민시에서는 껌떰을 숟가락과 포크로 먹는데 다른 지역에서는 젓가락을 주로 쓴다고 한다. 이쯤 되면 껌떰을 완성하는 재료는 바로 지금은 호찌민시로 불리는 사이공이라는 도시 자체가 아닐까?

따뜻한 온기로 서민의 삶을 위로하다

1975년 베트남 전쟁이 북베트남의 승리로 끝나면서 사이공은 '호찌민'으로 바뀌었다. 이름이 바뀐 건 이때가 처음은 아니다. 1862년 프랑스가 베트남 남부 지역을 식민지화하고 '코친차이나(Cochin China)'를 수립하면서 그동안 '자딘'으로 불리던 도시의 이름을 '사이공'으로 바꾸었다. 냉전 시기 사이공은 미국식 근대화의 대표 모델이었다. 당시 사진을 보면 말끔히 포장된 도로 위로 자동차, 자전거, 오토바이가 바쁘게 오가고, 전통 의상인 아오자이나 미니 드레스를 입은 여성들이 자유롭게 거리를 거닌다. 할리우드에서 만든 베트남 전쟁 관련 영화에는 주로 사이공의 유흥가나 빈민가가 나오지만, 프랑스 식민 지배 때부터 '극동의 진주'로 불릴 만큼 근대적이면서도 화려한 도시가 바로 사이공이었다.

다양한 국적과 인종의 사람들이 드나들던 도시다 보니 음식 문화도 다양했다. 사이공 사람들에게 사이공 고유의 음식이 뭐냐고 물으면 고개를 갸우뚱한다는 말이 있을 정도였다. 껌떰 역시 이러한 당시 상황을 잘 반영한 음식이다. 사이공식 껌떰의 기본은 부서진 쌀로 지은 밥과 양념이 잘 밴 돼지고기 꼬치구이로 구성된다. 이를 '껌떰 쓰언'이라고 부른다. 상인 '마 하이'의 껌떰이 유명해지면서 숯불로 구운 돼지고기 꼬치구이(쓰언 느엉), 길게 잘라 익힌 돼지고기와 껍질(비), 화교의 영향을 받았다

하노이 껌떰 식당 앞에서 돼지갈비를 굽는 모습 ⓒ박성민

는 간 고기와 당면, 버섯 등이 들어간 달걀찜(짜 쯩), 쪽파 향이 가
득한 기름(머 한, 북부에서는 머 하인) 등이 추가되면서 오늘날 껌떰
가게에서 볼 수 있는 다양한 토핑이 만들어졌다. 그래서 나온
이름이 '껌떰 쓰언 비 짜(Cơm Tấm Sườn Bì Chả, 돼지고기와 껍질과 달걀
찜을 올린 껌떰)'다. 여기에 쪽파 기름과 돼지고기 비계 튀김(똡 머),
달걀 프라이, 그리고 피클을 추가할 수 있다.

　흰쌀밥과 다양한 토핑이 조화를 이룬 껌떰을 완성하는 것은
'느억맘 파'와 '느억 쩜'으로 불리는 소스다. 라임 주스가 내는 신
맛, 설탕이 내는 단맛, 월남 고추가 내는 매운맛이 생선 액젓이
내는 비린 향과 짠맛을 잘 잡아주어서 '부먹'으로 먹어도, '찍먹'
으로 먹어도 감탄하게 된다. 전을 먹을 때 쓰는 간장소스와 달
리 밥과 이미 간이 되어 있는 토핑을 함께 먹기 때문에 이 소스

는 반드시 물을 더해 묽게 만들어야 한다. 그래야 주재료에 자연스럽게 스며들어 껌떰의 조화로운 맛을 낼 수 있다. 호찌민시 사람들은 자기 취향에 맞는 피시 소스를 쓰는 껌떰 식당을 단골로 삼는다고 한다. 그만큼 피시 소스는 베트남 음식에 빠져서는 안 될 중요한 존재다.

껌떰은 주문하면 바로 밥을 푸고 그 위에 준비한 토핑들을 얹어서 내주기에 말 그대로 인스턴트 음식이라고 할 수 있다. 쌀 알갱이가 작아서 빨리 조리할 수 있기는 하지만 나머지 재료는 그렇지 않다. 밥 짓는 것보다 꼬치를 굽는 시간이, 달걀찜을 만드는 시간이, 쪽파 기름과 피시 소스를 준비하는 시간이 훨씬 더 오래 걸린다. 그래서 껌떰 가게 숯불에는 쉴 새 없이 꼬치가 올라가고 찜통에서는 증기가 끊임없이 흘러나온다. 습기와 열기가 만들어내는 찜통 같은 더위 속에서 바쁜 일상을 사는 호찌민시 사람들이 매연이 가득한 거리에 옹기종기 앉아서 껌떰을 먹는 이유는 이 음식이 집밥 같아서가 아닐까. 방금 구워지고 쪄진 따뜻한 음식을 먹고 싶은 마음도 있겠지만 부엌이라는, 집에서 가장 따뜻한 공간에서 느껴지는 온기와 안도감을 그리워하는 건 아닐까 하는 생각이 들었다. 그런 이들을 위해 껌떰 가게는 아침에도, 점심에도, 늦은 밤에도 연다. 껌떰을 호찌민시 사람들의 '컴포트 푸드'라고 하는 데는 이유가 있다.

문득 10년 넘게 베트남 전쟁사를 연구했던 내가, 베트남 음식 맛집을 찾아다니며 다양한 음식을 먹어봤던 내가 왜 시애틀에

하노이의 식당에서 먹은 껌떰과 '비아 하노이' 맥주 ©박성민

사는 베트남 친구가 소개해줄 때까지 껌떰이라는 음식을 못 먹어봤는지 생각해봤다. 미국에서나 한국에서나 베트남 안남미는 쉽게 구할 수 있지만 '떰'이라 불리는 부서진 쌀을 먹어본 적은 없었다. 어차피 상품 가치가 떨어져 베트남 국내 시장은 물론 수출은 힘들었겠다며 퉁치기로 했다.

그러다 문득 내가 그렇게 좋아하고 그래서 아직도 수업 시간에 프랑스 식민주의를 설명할 때 영상 자료로 종종 쓰는 장 자크 아노 감독의 영화 〈연인〉(1992)이나 레지스 바르니에 감독의 영화 〈인도차이나〉(1992)의 장면들이 생각났다. 찬찬히 생각해보니 이 영화에는 베트남 사람들이 굶주리고 헐벗은 장면은 있어도 그들이 밥을 먹는 장면은 없었던 것 같다. 좀 너 기억을 더듬어 보니 베트남 감독 트란 안 홍의 〈그린 파파야 향기〉(1993)에서 베트남 음식을 처음 접해본 것 같다. 영화 전반을 포근하게 감싸던 음식의 온기가 기억났다.

베트남 사람들은 부서진 쌀이든 온전한 쌀이든 무엇이든 먹으면서 삶을 이어 나갔고 덕분에 베트남이라는 민족 국가의 역사가 지속되었다. 사람들이 살았기 때문에 나라가, 그리고 국가가 존재했다. 껌떰은 베트남 사람들의 생존과 삶을 향한 의지가 지속시켜준 베트남이라는 나라의 역사를 말해주는 음식이다. 늦게나마 그런 음식을 알게 되고 맛보고 생각해보게 되어서 정말, 정말 다행이었다.

4부

❖❖❖❖❖❖❖❖❖❖❖❖❖

세계를 사로잡은 소스와
향신료의 맛
-한 그릇 요리 이야기

❖❖❖❖❖❖❖❖❖❖❖❖❖

필리핀 조림 요리 **아도보**
인도네시아 조림 요리 **른당**
태국 그린 커리 **껭 키아오 완**
미얀마 생선 수프 **모힝가**
라오스 매콤 수프 **오 람**

필리핀 조림 요리 아도보

2021년 7월 9일 필리핀 통상산업부 산하 표준국(Bureau of Philippine Standards, BPS)은 대중적으로 인기가 많은 필리핀 요리에 '국가 표준'을 마련하기 위해 위원회를 구성했다고 발표했다. 위원회가 선정한 첫 음식은 바로 '아도보'였다. 한식으로 치자면 고기 장조림 요리로 전 세계적으로 필리핀을 대표하는 음식으로 꼽힌다. 개인적으로는 처음 먹어본 필리핀 음식이기도 하다. 익숙한 간장조림 요리라 거침없이 한입 베어 물었는데 생각보다 신맛이 강해서 살짝 당황하기는 했다. 하지만 내 숟가락은 이내 아도보 국물을 흰쌀밥과 비비고 있었다.

필리핀 표준국의 발표는 곧 논란의 중심으로 떠올랐고, 일류 요리사부터 음식 평론가까지 아도보 레시피의 '표준화'에 반대하는 목소리를 냈다. 논란이 시작된 지 3일도 되지 않아 통상산

닭고기로 만든 필리핀식 아도보 ⓒJoy D. Ganaden from en.wikipedia.org

업부는 성명을 통해 해명에 나섰다. 해외에서도 '필리핀식 아도
보' 홍보를 쉽게 할 수 있도록 기본적이고 전통적인 레시피를
가려내려는 것이지, 필리핀 내국인들에게 이 표준 요리법을 따
르게 하려는 의도는 없다는 내용이었다. 하지만 논란을 쉽게 잦
아들지 않았고, 이를 계기로 필리핀 아도보의 정체성과 역사에
관한 연구가 필요하며 대표 음식의 세계화를 고민해야 한다는
논의로 이어진다.

　한창 코로나19 팬데믹으로 전 세계가 혼란에 빠진 시기에, 필
리핀 정부는 왜 갑자기 고기 장조림 요리 레시피의 표준화를 시
도했을까? 7000여 개가 넘는 섬으로 이루어진 필리핀에서 각
지방, 마을, 가정마다 고유의 레시피가 존재한다는 대표 가정식
아도보 요리법의 국가 표준화가 가능하기는 할까? 왜 필리핀

　　　　　　　　　　　　　　　　　　미식 동남아

사람들은 이러한 정부 정책에 즉각 반발했을까? 먼저 아도보가 어떤 요리인지 알아보고, 왜 이 요리가 논란의 중심에 서게 되었는지 살펴보자.

신맛을 즐기는 필리핀 사람들의 고기 요리

필리핀의 아도보는 고기 장조림 요리를 가리키는 말로 '양념에 재다' '절임 소스'라는 뜻의 스페인어 '아도바르(adobar)'에서 유래했다. 1521년 페르디난드 마젤란이 처음 필리핀을 '발견'한 이후, 반세기가 지나기도 전에 스페인 정부는 본격적으로 필리핀을 식민지화하려 했다. 아도보의 기원을 바라보는 입장이 바로 이 지점에서 갈린다. 다수의 역사가나 음식 전문가는 그 이름이 스페인어에서 유래했듯 스페인 사람들이 아도보 요리법을 전파했다고 주장한다. 이는 스페인의 다른 식민지인 멕시코나 푸에르토리코에도 아도보 요리가 있다는 사실로 증명된다.

한편에서는 육류를 식초와 간장에 절이는 요리법이 그전에도 존재했고, 이 필리핀 전통 요리 방법을 스페인 사람들이 자신들에게 익숙한 '아도보'라는 이름으로 부르면서 지금까지 이어졌다고 주장한다. '아도보'라는 단어가 처음 기록된 자료는 1613년 스페인 프란체스코회 선교사가 편찬한 사전이다. 여기에 아도보가 현지인의 요리법으로 소개되었다는 것이 그 근거

필리핀 민다나오섬 북부 지역에서 나는 감귤류 과일로 절인 키닐라우
©lokalpedia from en.wikipedia.org

다. 후자의 주장을 지지하는 이들은 스페인 제국주의자들이 필
리핀을 정복하기 훨씬 전부터 열대 지역 사람들이 박테리아 번
식을 막기 위해 식초와 소금으로 육류나 어류 등을 절여 먹어
온 전통을 그 근거로 든다.

그렇다면 필리핀식 아도보는 스페인이나 멕시코의 아도보와
어떻게 다를까? 스페인의 아도보에는 식초와 오일 외에 향신
료, 오레가노(oregano), 통후추, 마늘 등이 들어가 매운맛과 향이

미식 동남아

강하다. 멕시코 아도보는 레몬 외에도 오레가노와 다양한 종류의 마른 고추와 고춧가루가 들어간다. 필리핀 아도보의 기본 재료는 식초, 간장, 마늘, 월계수 잎, 통후추다. 이 중 필리핀 아도보의 성격을 결정하는 재료가 바로 식초다. 필리핀에서는 주로 코코넛, 사탕수수, 바나나 파인애플과 같은 열대 과일을 발효시켜 만든 식초가 쓰인다. 식초로 절인 육류를 오랜 시간 약한 불로 가열하면 육질이 연해지고 소스가 전체적으로 스며들어 필리핀 아도보 특유의 달고 신 맛이 나온다.

필리핀의 한 음식 평론가는 필리핀 사람들이 신맛에 대한 애정이 각별하다고 한다. 필리핀의 대표적 숙성 음식 중 하나인 '키닐라우(Kinilaw, 키닐로라고도 함)'는 강렬한 향의 식초로 숙성시킨 해산물을 양파와 토마토 등과 함께 만든 신맛 강한 샐러드 요리다. 필리핀 사람들이 즐겨 먹는 간식인 '그린 망고'는 완전히 익지 않은 망고로 단단한 과육을 씹자마자 살짝 눈살을 찌푸리게 할 정도로 신맛이 난다. 고기와 채소로 속을 꼭 채운 필리핀식 춘권 '룸삐아' 역시 식초 맛이 강한 양념장에 찍어 먹는다.

필리핀의 저명한 음식 작가인 도린 페르난데스(Doreen Fernandez)는 필리핀 사람들이 즐기는 신맛은 "입술이 오므라들고 눈이 찡그려질" 정도라고 했다. 열대 기후의 더위를 이겨내도록 도와주며, 화학적으로 몸에 부담이 가지 않을 만큼의 신맛을 필리핀 사람들은 즐긴다는 것이다. 한국 사람들이 해물파전을 초간장에, 신선한 광어회를 초고추장에 찍어 먹듯 필리핀 사람들은 요

필리핀 음식에 신맛을 더해주는 깔라만시 ©Gonzague Tsai from en.wikipedia.org

리의 주재료를 한껏 빛나게 해주는 신맛 나는 양념을 즐긴다.

필리핀식 아도보는 간장과 식초가 기본을 이루는 양념장에 고기를 오래 조려 내기에 캐러멜색을 띤다. 간장이 중국 출신 상인과 이주민에 의해 필리핀에 전해졌기에 필리핀식 아도보가 중국의 영향을 받은 것이 아니냐는 주장도 들린다. 그러나 전통 아도보는 식초와 필리핀식 피시 소스인 '빠띠스'나 소금으로 재워 만들었다고 한다. 그래서 스페인 제국주의의 그늘로 들어가기 전 주로 먹었다는 '흰색 아도보(adobong puti, 아도봉 쁘띠)'가 필리핀식 아도보의 전형이라는 주장도 있다.

이러한 주장을 뒷받침하듯 도린 페르난데스는 간장을 사용하는 요즘 아도보가 '현대식'이라고 말한다. 전통적인 아도보는

미식 동남아

육류 재료의 지방이 식초에 재워진 뒤 가열되면서 자연스럽게 캐러멜화되어 완성된 요리 색을 어둡게 한다. 간장을 쓰면 짧은 시간 안에 단맛과 짠맛을 낼 수 있다. 오늘날 짙은 갈색 아도보가 대중화된 이유다. 즉 지금의 필리핀식 아도보는 스페인과 중국이라는 거대 제국의 영향을 받으며 천천히 변화해온 결과물이다.

세계화를 녹여내 다양화의 재료로 삼다

2021년 코로나19 팬데믹이 한창일 때 필리핀 정부의 표준화 발표로 아도보의 정체성과 고유성에 대한 논쟁이 발생한 데는 두 가지 배경이 존재한다. 첫째로 각종 해외 매체에서 필리핀식 아도보가 스페인 혹은 중국의 영향을 받았기에 온전히 필리핀 전통 음식이라고 볼 수 없다는 주장이 나온 것이다. 대표적으로 〈뉴욕 타임스〉의 저명한 음식 평론가 샘 시프톤(Sam Sifton)은 2011년에 쓴 '편법: 아도보 실험(The Cheat: Adobo Experiment)'이라는 글에서 이 음식이 중국과 스페인, 더 나아가 미국과 현지인들의 영향을 모두 담아낸 요리라고 설명하여, 마치 필리핀식 아도보가 제국주의의 산물인 듯한 뉘앙스의 주장을 했다.

한편으로는 태국의 팟타이나 인도네시아의 른당 같은 국민 음식이 국제적으로 인기를 끌면서 필리핀에서도 전통 음식의 세계화에 대한 필요성이 대두되었다. 마치 '스시'가 일본 요리를 대표하듯이 필리핀을 대표할 만한 요리를 홍보할 필요가 있었던 것이다. 이와 관련해 필리핀의 표준국 이사는 2021년 7월 발표 때 "필리핀 아도보의 기본 요리 기술을 표준화하면 일반 시민, 식도락가 및 식품 기업에 상관없이 진정한 필리핀식 아도보 맛을 유지하는 데 도움이 될 것"이라고 말했다. 세계 시장에서 전통적이고 대중화된 필리핀 가정식인 아도보의 경쟁력을 키우자는 이야기였다.

아도보의 정체성과 고유성에 대한 논란을 살펴봄에 있어서 스페인 출신 요리사이자 요리 과학자인 보르하 산체스(Borja Sanchez)의 주장은 주목할 만하다. 2019년 봄 산체스는 마닐라 아테네오 대학교에서 열린 필리핀 음식 역사에 관한 강연에서 "오늘날 전통적인 스페인 요리 대부분은 16세기에 아시아에 진출하면서 얻어진 재료를 사용한다"라고 말했다. 덧붙여 "스페인 요리는 멕시코, 아프리카, 콜롬비아, 필리핀 등 제국의 거점 지역과 스페인 본토와의 상호 교류와 발전으로 세계화"되었다는 점을 강조한다. 즉 스페인과 그 식민지들이 불편한 관계였다 하더라도, 수평적 문화 교류를 지속해왔고 필리핀과 멕시코에서 나온 재료들이 아니었다면 오늘날 스페인 요리는 완성되지 않았다는 것이다.

필리핀식 레시피의 표준화가 아도보라는 필리핀 국민 음식을 세계에 알릴 수 있을까? '아도보'라는 이름과 기원, 필리핀식

친구가 포틀럭 때 가지고 온 소고기로 만든 아도보

아도보를 만들어낸 열대 기후라는 환경, 중국의 간장이 필리핀식 간장인 '또요'로 다시 태어나는 과정은 아도보의 현지화를 보여준다. 이를 통해 우리는 필리핀 사람들의 생존력과 유연성을 재발견하게 된다. "필리핀 음식은 말레이 정착민이 주재료를 준비하고, 중국인이 양념하고, 스페인 사람이 조리한 뒤, 미국인이 햄버거로 만들어냈다." 필리핀에서 농담 반 진담 반으로 하는 말이다. 제국주의가 세계화라는 거대한 물결을 일으켰다면, 현지인들은 이를 '다양화'의 재료로 삼았다.

필리핀의 전통적인 육류와 어류 저장·조리 방식이던 아도보가 20세기 후반을 지나면서 또 한 번 '현시화'되었다는 점도 주목해야 한다. 앞서 논란을 일으킨 음식 평론가 샘 시프톤은 "아도보 요리법은 필리핀 섬만큼 많다. 만약 당신이 7000개 이상의 섬을 여행하는 데 생을 바칠 수 있다면, 당신은 각각의 섬에서 각기 다른 아도보 레시피를 발견할 것이다"라고도 말했다. 필리핀 대학 영양학 교수인 세실리아 플로렌시오(Cecilia Florencio)의 말처럼 필리핀의 음식 문화는 다양성을 적극적으로 포용한 필리핀 역사를 반영하는 하나의 거울이다.

2021년 아도보 레시피 표준화 논란 때 반대 측 슬로건은 "아무도 우리 요리, 특히 우리가 그토록 사랑하는 아도보를 표준화할 수 없다"였다. 그리고 이 슬로건 옆에는 필리핀 독립운동의 선구자로 알려진 호세 리살의 명저 제목이 따라붙었다. "놀리 메 탕헤레(Noli Me Tángere, 나를 만지지 마라)."

미식 동남아

인도네시아 조림 요리 른당

2018년 4월 영국의 〈마스터셰프(MasterChef)〉라는 요리 경연 프로그램에서 말레이시아 출신 요리사가 닭고기로 른당을 만들었고, 이 요리를 맛본 심사위원은 닭고기가 충분히 '바삭(crispy)'하지 않다는 이유로 경연에서 탈락시켰다. 이는 곧 말레이시아 사람들을 비롯하여 다수 시청자의 반발을 일으켰다. 한 네티즌은 "말레이시아 음식을 모욕하면 온 국민이 일어날 것"이라고 경고했고, 또 다른 네티즌은 "영국은 향신료를 얻기 위해 우리(말레이시아)를 100년 이상 식민지로 삼았지만, 정작 이를 쓴 음식이 어떻게 만들어지는지는 모른다"라고 한탄했다. 논란은 당시 말레이시아 총리였던 나집 라작이 트위터로 논쟁에 가담하면서 확대되었다.

그리고 기적 같은 일이 벌어졌다. 말레이시아·싱가포르·인도

족자카르타 시외에 있는 파당 식당에서 먹은 른당

네시아는 뿌리는 같지만, 각국에서 현지화된 음식 문화를 두고
종주국 논란이 있을 때면 서로 날을 세워왔다. 특히 른당은 말
레이시아와 인도네시아 사이의 문화적 충돌과 갈등을 조장한
단골손님이었다. 하지만 2018년 영국 〈마스터셰프〉에서 불거진
른당 논란은 말레이 문화권 나라를 하나로 만들었다. 이들이 한
목소리로 반발한 이유는 하나다. 른당은 바삭한 고기 요리가 아
니기 때문이다. 질긴 고기의 육질을 부드럽게 하려고 코코넛 밀
크와 각종 향신료를 넣고 6~8시간 조려낸 요리를 육질이 바삭
하지 않다는 이유로 탈락시킨다는 사실 자체가 서구인의 무지
함을 보여주며, 더 나아가 이들이 말레이 전통문화를 무시한다
고 본 것이다.

어떻게 른당은 말레이시아-인도네시아 간 갈등과 화해의 중심에 놓이게 된 것일까? 이와 관련하여 른당이라는 조림 요리의 기원을 알아보고, 이 요리가 어떻게 말레이 문화권을 연결하는 역사적 매개체가 되었는지 살펴보도록 하겠다.

인도의 영향을 받은 미낭카바우식 물소 요리

른당이 인도네시아 서부 수마트라섬의 미낭카바우 지역에서 유래했다는 데에는 대부분 동의한다. 미낭카바우 지역 유지들은 마을의 중요한 행사나 축제가 있을 때면 물소 한 마리를 통째로 기부하여 손님들이 즐길 요리를 만들게 했다. '른당(Rendang, 미낭카바우에서는 'Randang'이라고 함)'이라는 이름은 '천천히 오랫동안 요리한다'는 뜻의 말레이어 '머른당(merendang)'에서 왔다. 즉 전통적으로 '른당'이라는 말은 특정 요리가 아니라 조리법을 의미한다. 물소의 육질은 일반적으로 우리가 소비하는 소고기보다 질기다. 적당히 썬 고기를 코코넛 밀크, 여러 향신료와 함께 냄비에 넣고 약한 불에서 장시간 끓이면 고기가 연해지고 양념이 고기에 고루 밴다. 넓적한 냄비에 장시간 익히면 코코넛 밀크의 수분이 증발하기에 불의 강약도 꼼꼼히 확인해야 할 뿐만 아니라, 요리가 눋지 않도록 계속 저어야 한다. 쉽지 않은 요리라는 뜻이다.

미낭카바우 지역에서 유래하기는 했지만, 지금의 른당이 있기까지 인도 음식의 영향을 무시할 수는 없다. 16세기 유럽 해상 제국의 상인들이 향신료 천국 인도네시아를 발견하기 이전부터, 인도 출신 상인들은 오늘날 인도네시아 서부 수마트라섬과 말레이시아의 믈라카(옛 이름은 말라카)라는 해상 무역 거점지와 교역하고 있었다. 특히 인도 북부의 구자라트 출신 상인들이 인도네시아와 믈라카에서 향신료를 판매하고 있었기에 인도식 향신료가 들어간 른당의 기원이 인도의 커리가 아니냐는 주장이 종종 나온다.

물론 북부 인도 지역의 커리 요리가 미낭카바우 지역의 른당 요리에 영향을 미쳤을 가능성은 있다. 그러나 른당의 전통적 레시피에는 커리 가루가 들어가지 않는다. 굳이 인도식 커리와 유사한 조리법을 찾자면 미낭카바우 지역의 전통 요리인 '굴라이'를 들 수 있겠다. 강황 가루와 기타 향신료들을 넣어 노란빛이 나는 굴라이는 오늘날 일반적인 른당보다 조금 더 묽은 종류의 커리 요리인로서 '칼리오'로도 알려졌다. 른당은 굴라이보다 오래 조리해서 육즙을 더 풍부하게 만든 요리로 인도식 커리와는 다르다.

전통 음식으로서 른당이 녹여낸 미낭카바우 사람들의 철학은 요리에 들어가는 네 개의 주재료로 설명할 수 있다. 첫째, 이 요리에 들어가는 육류(dagiang, 다기앙)는 그 지역 유지나 지도자를 상징한다. 이들은 자신이 속한 혹은 이끄는 공동체를 위해

미식 동남아

시중에서 판매되는 파당식 소고기 른당 ⓒ정정훈

소 한 마리 내어줄 수 있는 재력과 힘을 가진 전통적 씨족 공동체 지도자들이다. 두 번째로 중요한 재료인 코코넛 밀크, 혹은 코코넛은 공동체 발전을 위해 지적 능력을 내어주는 지식인, 교사, 작가 등을 상징한다. 세 번째로 '라도'로 불리는 칠리와 고추 같은 재료는 성직자와 전통 이슬람 율법인 샤리아(sharia)를 상징한다. 그리고 마지막으로 여러 향신료를 혼합한 양념인 쁘마삭(pemasak)은 미낭카바우 사회 전체를 대표한다.

미낭카바우 사람들이 장시간 만들어낸 른당이라는 요리에는 이렇게 각기 다른 역할을 하는 사회 구성원이 조화를 이루며 함께 살아가자는 철학이 담겨 있다. 그만큼 른당은 미낭카바우 사람들의 인내, 지혜와 끈기를 상징하는 대표적 음식으로 여겨져 왔다.

국경 없는 요리와 정통성 갈등

그렇다면 이 미낭카바우 전통 음식이 어떻게 인도네시아와 말레이시아를 연결하는 매개체가 되었을까? 른당이 수마트라 섬을 넘어 현재의 인도네시아와 말레이시아로 퍼질 수 있게 한 것은 미낭카바우 사람들의 '방랑(merantau, 므란따우)' 전통이다. 모계 사회였던 미낭카바우에서는 이슬람교도들이 메카로 성지 순례를 가듯, 아이들이 일정 나이가 되면 다른 지역으로 가서 새로운 경험을 쌓도록 장려하는 풍속이 있다. 그렇게 수마트라 섬을 나가 현재의 싱가포르, 말레이시아, 브루나이, 심지어 필리핀까지 먼 여행을 떠난 미낭카바우인들이 오랜 여행에서 배고픔을 달랬던 음식이 바로 른당이었다.

른당에 들어가는 주요 향신료는 생강, 양강근(galangal), 심황 잎, 레몬그라스, 마늘, 샬롯, 고추 등으로 대부분 천연 방부제 기능이 있다. 특히 코코넛 밀크는 장시간 조리되는 동안 수분이 증발하고 기름만 남으면서 조려진 고기가 마지막 단계에서 튀겨지는 듯한 효과를 낸다. 그래서 영국의 경연 프로그램 〈마스터셰프〉에서 른당 요리의 '바삭함'을 문제 삼았던 것이다.

하지만 조림 요리로서 른당의 궁극적 목표는 튀김이 아닌 '연육화'라는 점을 기억할 필요가 있다. 코코넛 밀크가 만들어낸 기름으로 고기 표면이 바삭해질 수는 있어도 그게 목적은 아니다. 른당은 '부드러운 고기' 요리다. 무엇보다 중요한 것은 천연

미식 동남아

방부제 역할을 하는 수많은 향신료와 코코넛 밀크로 장시간 조린 이 음식은 상온에서 한 달까지 보관이 가능하다는 점이다. 미낭카바우인들이 '방랑'의 전통을 수행하면서 가지고 다니기에 알맞다. 16세기 이후 미낭카우인들이 정착한 곳마다 파당 방식으로 음식을 만들어 파는 소위 '파당 식당'들이 자리 잡기 시작했다. 덕분에 미낭카바우 전통 음식인 른당이 말레이 문화권에 빠르게 전파될 수 있었다.

타지로 모험을 떠난 미낭카바우인들이 른당 꾸러미를 보따리 안에 넣고 건넌 것은 바다였고 강이었지, 비자(visa)를 요구하는 국경선은 아니었다. 른당의 기원과 정통성에 대한 논란이 말레이시아와 인도네시아 간 문화 전쟁의 중심에 놓이게 된 계기는 바로 그들 사이에 놓인 국경선 때문이다. 20세기 유럽 중심 제국주의와 식민 통치 구조가 해체되면서 다수의 민족 국가가 독립을 선언하고 국경선을 그렸다. 전에 없던 새로운 경계가 생긴 것이다.

식민지에서 독립된 민족 국가로 다시 태어나는 데 있어 무엇보다 중요한 것이 바로 상상의 공동체를 하나로 통합할 '문화'였다. 특히 타지에서 생활하는 이들에게 조국을 떠올리게 할 강력한 기제가 바로 전통 음식이었다. 그만큼 국가 간 문화적 정체성 논란과 얽힐 가능성이 컸던 셈이다. 2011년 시엔엔(CNN) 인터내셔널이 실시한 '세계에서 가장 맛있는 음식 50가지' 온라인 여론 조사에서 인도네시아의 른당이 1위를 차지하자 인도네시

족자카르타 시외에 있는 파당 식당

아와 말레이시아 정부 간 른당 논쟁은 더욱 가열되었다. 이때 인도네시아 영화 산업을 대표하는 미낭카바우 혈통의 배우 자장 누어(Jajang C. Noer)는 른당이 인도네시아도, 말레이시아도 아닌 '파당'의 음식이라고 주장하면서 논쟁의 불길을 키우기도 했다.

한편 른당의 정통성을 둘러싼 논쟁은 오히려 인도네시아와 말레이시아가 경쟁이 아닌 동맹 관계에 있음을 확인시켜준 계기이기도 했다. 논쟁이 발전하면서 른당이 두 나라의 '공유 유산'이지, 갈등의 촉매제는 아니라는 인식이 퍼졌기 때문이다. 실제로 2010년 유네스코는 른당을 미낭카바우 전통 음식으로 지정한 바 있다. 미낭카바우인의 전통인 자발적 이주, 혹은 방랑을 통해 동남아시아 전반에 전파된 이 조리 음식은 국경을 넘

미식 동남아

파당의 전통 시장에서 음식을 파는 상인. 그 뒤로 인도네시아 독립 기념일을 축하하는 풍선 장식이 보인다. ⓒ정정훈

어, 제국주의에 대항한 지역주의의 상징으로 여겨져야 할 근거가 충분히 존재한다는 뜻이다.

1946년 네덜란드 식민주의자들이 인도네시아를 다시 통치하려고 침략했을 때의 일화다. 당시 인도네시아 독립 혁명의 지도자였던 수카르노의 아내 파트마와티는 임신으로 부른 배를 잡아매고 시장에서 소고기를 사서 른당을 대량으로 만들어 족자카르타 주변에서 싸우던 독립투사들에게 보냈다고 한다. 이러한 역사가 영국인들이 른당 요리가 바삭하지 않다고 심사에서 탈락시켰을 때, 인도네시아와 말레이시아 네티즌들이 그들의 제국주의적 행태에 전쟁을 선포한 배경이었다.

파트마와티가 인도네시아 독립을 위해 싸우던 이들에게 보

인도네시아 대표적 식품 산업 재벌 인도푸드의 른당 소스 패키지 ⓒ박정훈

내고 싶었던 른당은 어떤 맛이었을까? 어떤 위로를 전해주고
싶었을까? 서로를 위해 따뜻한 마음을 나눌 수 있게 한 고향의
맛이 아니었을까?

나는 아직도 인도네시아나 말레이시아 친구들에게 른당 요
리를 만들어달라고 부탁할 때마다 망설인다. 손이 많이 가고 시
간도 오래 걸린다. 시중에 나온 소스로 만든다고 해도 중간중간
계속 살펴보아야 타지 않고 '겉바속촉'한 른당을 맛볼 수 있다.
나온 지 수백 년이 지나도 여전히 어려운 요리다.

다행히 싱가포르에서 살 때 이러한 딜레마를 해결해준 인도
네시아 친구를 만났다. 그 친구는 고기를 사서 른당 소스에 잘
버무린 뒤 전기 찜솥(slow cooker)에 넣는다고 했다. 시간을 정하고
때가 되면 열심히 저어준단다. 그러면 양념도 잘 배고 적당히

미식 동남아

'겉바속촉'한 른당이 완성된다고 열심히 설명했다. 덕분에 탕기에 른당 소스를 넣고 고깃덩어리를 넣어 만드는 내 방식의 른당이 부끄럽지 않게 되었다.

태국 그린 커리 껭 키아오 완

　한국인이 좋아하는 태국 음식 중 하나가 바로 '뿌 팟퐁 까리'
다. 향신료 맛이 그리 강하지 않고 연한 게 껍데기 속으로 스민
커리와 코코넛 밀크의 맛이 일품이라고들 한다. 게다가 달걀이
들어간 커리는 밥에 쓱쓱 비벼 먹을 수도 있는, 말 그대로 가성
비가 뛰어난 음식이다.

　그렇다면 태국인들이 즐겨 먹는 커리는 어떤 것이 있을까?
태국 커리의 종류는 소위 커리 종주국인 인도만큼은 아니지만,
꽤 다양한 편이다. 그리고 무엇보다도 그들의 커리에는 인도
의 커리와 '다르다'라고 자신할 만한 역사와 다양성이 있다. 그
런 태국인들의 자부심을 한결 북돋우는 음식이 바로 '껭 키아오
완'이라고 불리는 '그린 커리'다. 그 역사와 맛을 통해 태국의 커
리가 인도와 어떻게 다른지를 살펴보고, 껭 키아오 완이 어떻게

한국산 죽순과 가지, 태국식 깽 키아오 완 페이스트로 만든 그린 커리

태국 커리의 자부심이 되었는지 알아보자.

'세계에서 가장 맛있는' 태국식 커리 요리

태국의 커리는 그 기원과 조리법에 따라 '깽'과 '까리' 두 종류로 나눌 수 있다. 대체로 '깽'이라는 용어로 시작하는 커리 요리는 태국식 커리다. '까리'라는 말이 들어가면 인도식 커리로 생각하면 된다. '자파티'라는 밀가루로 만든 빵과 커리를 주로 먹는 북부 인도와 달리 쌀밥이나 쌀을 갈아서 만든 '이들리' '도쎄이' 등을 주식으로 하는 남부 인도식 커리가 태국 요리에 직접적인 영향을 끼쳤다. 그래서 남인도어인 타밀어로 커리를 의미하는 '까리'라는 용어가 들어왔다고 한다.

　태국식 커리 요리가 인도에서 왔다고 주장하는 이들은 태국과 인도 커리의 주재료인 코코넛 밀크를 그 근거로 든다. 인도에서는 예로부터 커리에 코코넛 밀크를 넣어 커리 가루의 강한 향과 맛을 중화하고 고기나 채소 같은 주재료의 풍미를 살렸는데, 태국의 '껭'도 이와 비슷하다는 것이다. 이에 태국 음식 문화 전문가들은 인도 커리의 영향을 받기는 했지만, 인도 사람들이 선호하는 정제 버터의 일종인 '기(ghee)' 대신 현지에서 쉽게 구할 수 있는 코코넛을 사용한 것이므로 '까리'와 '껭'은 다른 음식이라고 주장한다.

　'까리'는 태국식 커리보다 국물이 걸쭉하고 향신료 향이 강하다. 예를 들어 뿌 팟퐁 까리는 강황 가루를 포함한 커리 가루(태국어로 '퐁 까리')가 들어가 노란빛이 돌고, 쿠민·칠리 등 인도 음식에 주로 쓰이는 향신료가 들어갔다. 뿌 팟퐁 까리가 한국인들 사이에 인기가 있는 데는 인도식 커리 혹은 일본식 커리에 대한 친숙함이 한몫한다고 할 수 있다.

　'껭'으로 불리는 태국식 커리는 남부 인도식 '까리'의 영향을 받기는 했지만, 그 조리법이나 들어가는 재료가 정통 인도식 커리와 다르다. 1873년에 나온 태국어 사전을 보면 '껭'을 새우 페이스트, 양파 또는 샬롯, 고추, 마늘을 필수 재료로 사용한 묽은 국 같은 요리, 쌀로 만든 주식과 함께 먹는 음식으로 정의한다.

　'껭'은 코코넛 밀크를 기본으로 하는 것과 물을 넣어 만드는 것 두 종류로 나뉜다. 코코넛 밀크가 들어간 '깽'은 주재료가 내는 색에 따라 이름이 붙는다. '레드 커리'로 알려진 '깽 댕'은 새우 페이스트, 빨간색 고추, 레몬그라스, 생강, 마늘, 양강근(galangal), 고수 뿌리 등을 곱게 찧어서 만든 붉은 빛 도는 페이스트와 코코넛 밀크를 넣고 끓인 뒤 육류와 채소를 넣어 만든다. 이 붉은 페이스트에 초록색 고추와 약초를 더해서 빻은 페이스트로 만든 커리가 '그린 커리'로 알려진 '깽 키아오 완'이다.

이 밖에도 인도식 커리 가루의 강황이 낸 노란빛이 음식 전체를 감싸는 '옐로우 커리'라고 불리는 '깽 까리'가 있다. '무슬림 커리'로 알려진 '깽 마싸만'은 중동과 인도식 커리 가루에 동남아시아가 주산지인 카다멈, 정향, 육두구, 계피 등이 더해져 향신료 맛이 조화를 이룬다. 이들 모두 코코넛 밀크가 기본이 된 태국식 커리 '깽'이다. '깽 마싸만'은 2021년 시엔엔(CNN) 인터내셔널에서 독자들을 대상으로 한 설문 조사에서 '세계적으로 가장 맛있는 요리 50선' 중 1위에 등극했다.

그렇다면 코코넛 밀크 대신 물로 국물을 만든 '깽'은 어떤 것이 있을까? 가장 대표적인 것이 '정글 커리'로 불리는 '깽 빠'다. 생강이나 칠리 같은 매운맛이 강한 재료들과 허브가 좀 더 들어가 향과 맛이 강해진 레드 페이스트에 물을 넣어 만든다. '오렌지 커리'로 불리는 '깽 쏨'은 우리에게 태국의 김치찌개라고도 알려졌다. 타마린드 과육을 물에 불린 뒤 그 주스를 넣어 만들어서 시큼한 맛이 난다. 이 밖에 화교의 영향을 받아 미리 만들

죽순과 공심채 볶음과 돼지고기로 만든 샐러드 랍(왼쪽)과 타마린드 과육으로 낸 즙으로 만든 껭 쏨(오른쪽)

어둔 커리 페이스트 대신 즉석에서 고추, 양파, 마늘, 새우 페이스트 등을 넣고 맛을 낸 '껭 쯧'이 있다. 우리나라 국이랑 비슷한데 커리와 달리 향신료 맛이 거의 없고 국물이 맑아서 '심심하다'는 뜻의 '쯧'이라는 이름을 얻었다.

태국 커리가 인도식 커리와 두드러지게 다른 점을 군이 꼽자면 국물이 더 많고 덜 걸쭉하다는 점이다. 인도 음식 전문가들은 코코넛 밀크를 쓰는 커리 조리법이 인도에서 유래했다고 하는데, 태국에서 '껭'으로 현지화되는 과정에서 '만 떽'이라고 불리는 기름 분리 과정이 추가되었다. 코코넛 밀크와 커리 페이스

미식 동남아

트를 넣고 함께 끓이는 과정에서 코코넛 밀크의 유지(油脂)가 분리되어 투명한 기름층을 형성한다. 이 분리된 기름은 껭에 들어가는 재료에서 나온 육수와 마지막에 간을 맞추기 위해 넣는 피시 소스와 라임 주스가 내는 짠맛, 신맛에 고소한 맛을 더한다.

또 다른 특징은 태국의 껭에는 인도나 중동 지역, 그리고 가깝게는 인도네시아나 말레이시아, 필리핀 등지에서 만드는 커리 요리보다 채소가 많이 들어간다는 것이다. 죽순, 가지, 줄기콩, 무, 버섯, 감자, 당근 등 마치 한국의 찌개나 전골 요리처럼 각종 채소를 넣기에 여기서 나오는 수분이 커리를 더 묽게 만든다. 사실 인도의 커리 요리는 역사적으로 육류 재료의 저장성을 높이고 부패로 인한 악취를 없애기 위해 여러 향신료를 넣기 시작한 데서 시작됐다. 이를 생각한다면, 신선한 약초와 향신료로 만든 페이스트를 쓰는 태국식 '껭'이 꼭 인도식 커리의 영향만 받았다고 단정하기는 어렵다. 이를 가장 잘 보여주는 태국식 커리가 바로 '껭 키아오 완'이다.

풍미를 돋우는 신선한 재료의 매력

'껭 키아오 완'이라는 이름을 직역하자면 '단(sweet) 초록색 커리'다. 많은 사람이 이름만 보고 이 커리를 '달달한' 맛으로 생각하지만, 실제 맛은 그렇지 않다. 초록색 고추와 여러 가지 향신

초록색 고추와 신선한 약초를 빻아서 만드는 그린 커리 페이스트 ⓒDavid Dettmann

료와 약초를 빻아서 만든 페이스트에 코코넛 밀크를 넣고 끓여 나온 색이 연두색에 가까울 정도로 밝아 식욕을 자극하기에 붙여진 이름이다. 우리나라 청양고추 같은 고추가 추가로 들어가서 일반 커리보다 매운 편이다. 레드 커리보다 맵지 않으리라 생각해서 주문한다면 낭패를 볼 수도 있다. 그래서 껭 키아오 완은 대부분 흰쌀밥이나 국수 면과 함께 먹거나, 달걀말이나 데친 채소 등과 함께 먹으면서 매운맛을 중화한다.

　태국의 커리는 그 색만큼이나 특색이 다양하다. 그중 껭 키아오 완의 특징은 우리가 일반적으로 생각하는 커리와 달리 초록색이라는 점과 태국 땅, 혹은 동남아시아 지역에서 나는 재료들로 만든 토속 음식에 가깝다는 점이다. 껭 키아오 완의 초록색을 내는 것은 바로 초록색 고추, 레몬그라스, 고수 뿌리, 마늘,

　　　　　　　　　　　　　　　　　　　　미식 동남아

생강, 양강 등이다. 말린 향신료가 아닌 신선한 약초를 빻아서 만들기에 우리가 일반적으로 생각하는 커리와 다른 특유의 향과 맛, 그리고 색을 가지게 되었다. 레드 커리나 옐로우 커리도 인도식 커리와 달리 신선한 향초와 채소가 말린 향신료보다 더 많이 들어간다. 그래서 일반적으로 태국식 커리를 먹으면 매운맛과 얼큰함이 동시에 느껴진다. 향신료가 주는 얼얼함은 인도식 커리보다 오래가지는 않는다.

껭 키아오 완의 또 다른 매력은 바로 커리 전체의 풍미를 돋우는 지역의 신선한 재료들이다. 두 가지 주재료 중 하나가 동그란 공 모양에 흰색 줄무늬가 있는 가지다. 한국의 보라색 긴 가지와 식감이 비슷하지만, 더 단단하고 고추씨를 씹을 때처럼 알싸하게 매운맛이 난다. 껭 키아오 완은 라임 주스와 피시 소스, 설탕으로 간을 맞추기에 매운맛과 신맛, 짠맛, 단맛을 골고루 느낄 수 있다. 조리가 완성된 껭 키아오 완 위에 올리는 스위트 바질 잎은 특유의 상큼하면서도 쓴맛으로 이 복잡미묘한 요리를 마무리한다.

인도만큼은 아니겠지만 태국 커리의 역사도 길다. 태국 최초의 요리책이 1890년대에 쓰였고, 여기에 다양한 종류의 '껭' 조리법이 소개되었다. 인도 커리가 태국 귀족층 사이에서 인기를 얻기 시작하면서 현지화가 일어났다고 나온다. 코코넛 밀크를 사용하지 않는 '껭'의 역사는 인도식 '까리' 이전부터 있었다는 주장이 있고, 혹자는 '껭 마싸만'의 역사가 300년이 넘는다고도

완성된 깽 키아오 완은 마치 크림이 들어간 듯 은은한 색을 낸다. ⓒDavid Dettmann

한다.

이에 비하면 깽 키아오 완의 역사는 짧다. 이 요리는 1926년에 나온 태국 요리책에 처음 소개되었다. 당시 깽 키아오 완이라는 새로운 종류의 태국식 커리가 소개된 문헌을 보면, 말린 고추나 향신료가 아닌 신선한 초록색 고추와 파프리카가 기존의 레드 커리나 옐로우 커리와는 다른 색을 내게 했다고 한다. 그렇게 수많은 시도와 실험 끝에 지금의 깽 키아오 완이 만들어진 것이다.

깽 키아오 완이 처음 소개된 1920년대, 그리고 1930년대는 태국 역사에서 격변의 시기였다. 유일하게 서구 제국의 직접 통치를 받지 않은 동남아시아 국가였지만, 전 세계가 중세 시대에서 근대 시대로 넘어가는 변혁의 시기에 제국주의의 영향권에서

미식 동남아

완전히 벗어나지는 못했다. 또한 이웃 국가들과 마찬가지로 구시대에서 새로운 시대로 전환하는 과정에서 다양한 갈등을 경험했다. 이를 대표적으로 보여주는 역사적 사건이 바로 절대 왕정을 붕괴시킨 1932년 인민당 혁명이다. 태국의 절대 군주제를 입헌 군주제로 전환한 이 역사적 사건은 하룻밤 사이에 일어난 해프닝이 아니다. 수십 년, 혹은 수백 년 동안 쌓인 구시대에 대한 환멸과 회의가 새로운 시대를 향한 당대 신세대 엘리트들의 강한 열망과 응축된 욕구와 만나 폭발하면서 만들어진 역사적 전환점이었다.

이러한 시대상을 반영한 음식이 '껭 키아오 완'이다. 기존의 틀을 벗어나 새로운 전통을 만들고자 했던 태국인들의 열망과 욕구가 '새로움'을 의미하는 '초록색'으로 나타났다고 한다. 이를 만든 건 마른 향신료를 갈아서 만든 커리 가루에 빨간색 고추를 갈아 넣어 만든 레드 페이스트가 아니었다. 현지에서 쉽게 찾을 수 있는 약초와 초록색 고추를 넣어 만든 그린 페이스트였다. 여기에 코코넛 밀크에 넣어 오랫동안 끓인 뒤 현지에서 나온 신선한 채소와 고기를 넣었다. 그렇게 탄생한 껭 키아오 완은 새로운 미래를 꿈꾸던 태국 사람들의 허기를 달콤함으로, 그리고 연두색이 주는 발랄함으로 달래주었다. 그런 의미에서 껭 키아오 완은 태국의 커리 음식 중에서도 독보적이고, '껭'을 인도식 커리와 다른, 태국만의 커리로 거듭나게 한 주역이다.

미얀마 생선 수프 모힝가

우리가 아는 동남아시아는 열대 기후 지역이다. 그래서 동남 아시아 하면 떠올리는 이미지는 에메랄드빛 바다에서 스노클 링을 즐기다 사방이 훤히 트인 카페나 호텔 테라스에 앉아 노을 을 보며 열대 과일 주스를 마시고, 간간이 불어오는 미풍에 날 리는 리넨이나 면으로 만든 옷을 입고 야시장을 거닐다 이국적 인 음식을 맛보는 것 등이다.

지도를 보면 동남아시아는 대륙 국가에서 섬나라까지 광범 위하게 펼쳐졌다. 학자들은 말레이시아를 경계로 그 위 태국, 미얀마, 라오스, 캄보디아, 베트남을 대륙부 동남아시아로 부르 고 말레이시아, 싱가포르, 인도네시아, 필리핀, 브루나이, 동티 모르를 도서부 동남아시아라고 부른다. 그중 미얀마를 보자. 오 랜 기간 군부 독재 통치로 여행의 자유가 제한되었기에 동남아

걸쭉한 생선 국물에 쌀국수를 넣고 삶은 달걀과 고추, 고수 고명을 얹은 모힝가(만달레이 '서야지' 식당) ⓒ박성민

시아에서 인도네시아 다음으로 가장 큰 영토를 가진 나라라는 사실을 자주 잊는다. 미얀마는 대륙부 동남아시아에서 가장 큰 나라다. 그 위로 중국과 러시아, 그리고 아래로는 인도양까지 길게 펼쳐진 미얀마에는 그래서 툰드라부터 몬순 지역 사바나를 포괄하는 다양한 기후가 존재한다.

뜬금없이 동남아시아의 지형과 기후 이야기로 시작하는 이유는 미얀마의 대표적 국민 음식인 '모힝가'가 뜨거운 국물 음식이기 때문이다. 미얀마 국민의 '컴포트 푸드'이자 대표적 아침 식사 메뉴인 이 음식은 한국으로 따지자면 멸치 육수를 기본으로 한 잔치국수와도 같다. 미얀마 내륙 지역에서 흔히 잡히는 메기나 민물 생선으로 우려낸 국물에 레몬그라스, 고추, 새우 페이스트나 소스로 간을 한 뒤 부드러운 바나나 줄기, 생강, 마늘, 후추, 양파, 강황 가루, 쌀가루, 콩가루, 고춧가루, 그리고 쌀국수 '몬'을 가미해 만든다. 그 위에 고수, 신선한 라임, 말린 고추, 쪼개진 완두콩 튀김과 샬롯 튀김 같은 고명을 얹는다.

'모힝가'라는 이름은 이 주재료를 의미한다. '모(몬)'는 쌀가루로 만든 국수를 뜻하기도 하지만 어떤 지역에서는 '모힝가'의 줄임말로 쓴다. '힝(힌)'은 영국 식민 통치 지배자들이 인도식 커리로 오해한 미얀마식 반찬 중 특히 발효된 재료로 만든 음식을 의미하며, '가(원발음은 카)'는 '쓴맛'을 가리키는데 '힌카'는 후추와 같은 쓴맛 재료를 넣은 국물(그레이비)이라는 뜻이 있다. 종합하면 쓴맛이 나는 국물에 발효 식품과 밀로 만든 가공품이 추가된 음식이라는 의미다. 그래서 모힝가에는 어떤 통일된 레시피가 있지 않다.

모힝가의 역사와 지역적 특성에 대해 간단한 살펴보고 나서, 이 미얀마 국민 음식은 왜 태국의 팟타이나 인도네시아의 른당, 필리핀의 아도보처럼 동남아시아 대표 음식으로 알려지지 않았는지 알아보자.

미식 동남아

한국에 사는 미얀마 친구가 집에서 직접 만든 모힝가와 생선 커리

미얀마인들이 사랑한 뜨거운 국물 요리

미얀마의 대표적 국민 음식인 만큼 모힝가의 역사에 대한 다양한 기록이 존재한다. 혹자는 그 시작이 1세기로 거슬러 올라간다고 주장한다. 모힝가에 대한 최초의 직접적 언급은 18세기와 19세기 사이 꼰바웅(Konbaung) 왕조 시대 때 버마 사람 우 뽄야(U Ponnya)가 이 음식의 맛을 찬양하면서 남긴 글이라고 한다. 미얀마 음식 전문가인 킨 마웅 뉘앙(Khin Maung Nyunt)은 19세기에 모힝가가 이미 미얀마인들 사이에 유명한 음식이 되었는데도, 그 조리법이 기록으로 남지 않은 것으로 보아 서민들이 즐겨 먹던 음식이었을 것으로 추정한다.

1936년 인도 문학잡지 중 하나인 〈모던 리뷰(Modern Review)〉에 게재된 글에서는 다른 많은 동남아시아 국수 요리와 마찬가지로 모힝가도 중국에서 유래했다고 믿을 만한 이유가 있다고 주장한다. 최근 학자들은 19세기 후반 영국 통치하에서 산업화를 경험한 미얀마에서 모힝가는 노동자 계급의 음식으로 자리 잡았으며 2차 세계 대전과 일본 점령을 겪고 1948년 영국으로부터 완전한 독립을 이루는 동안 대중화되었다고 본다. 워낙 사랑을 많이 받은 탓에 1962년 쿠데타로 정권을 잡은 군부가 민간 영역 활동을 강력히 통제했지만, 모힝가 식당과 제조업체들은 허가를 내주어 계속 운영할 수 있었다고 한다.

모힝가는 메기 같은 민물 생선을 끓여낸 육수에 레몬그라스를 비롯한 각종 향신료를 넣고 맛을 낸 뒤 쌀국수를 넣어 만든 요리다. 하지만 국민 음식인 만큼 지역마다 특징이 있다. 미얀마 서부 해안 지역에 있는 라카인(Rakhine)주에서는 '응아삐'로 불리는 생선 젓갈 페이스트가 많이 들어가고, 국물이 상대적으로 적다. 특히 라카인 모힝가는 여러 가지 종류의 고추를 쓰기 때문에 얼큰함 이상의 매운맛이 나는 국물이 특징이다. 미얀마 제2의 도시로 불리는 만달레이의 모힝가는 콩 종류가 많이 들어가서 국물이 걸쭉하고, 양곤 지역의 모힝가는 민물 생선에서 나오는 특유의 흙 맛을 생강과 레몬그라스, 그리고 기름에 튀긴 고추로 잡은 맑은 국물이 특징이다. 미얀마 중부 교통의 요지인 따웅우의 모힝가는 생토마토, 다진 녹두, 절인 흰 대추 등이 마른국수에 추가되어 국물 요리라기보다는 국수 샐러드에 가깝게 나온다. 남쪽으로 내려갈수록 신선한 생선을 더 쉽게 구할 수 있어 생선류가 더 추가된다든지, 비린내를 잡기 위해 마늘과 후추를 더 쓰는 특징이 있다.

뜨거운 국물 요리 모힝가는 미얀마인들이 가장 선호하는, 그리고 가장 많이 찾는 아침 식사다. 어떻게 모힝가가 미얀마의 대표적 국민 요리가 되었을까? 이는 미얀마를 관통하는 가장 큰 강인 이라와디(Irrawaddy)강이 바로 모힝가의 주재료인 메기의 원산지이기 때문이다. 전통적으로 농경 사회이고 다수가 불교 신자인 미얀마에서는 육류 대신 콩이나 생선으로 단백질을 보충하고 신선한 채소와 곡류로 필요한 영양소를 골고루 섭취했다. 그래서 생선 육수를 기본으로 한 음식이 자연스럽게 퍼질 수 있었다는 설명이 있다. 또 다른 설명은 뜨거운 차나 국물이 더위를 식히는 데 도움이 된다는 것이다. 그래서 모힝가는 오전에 먹든 오후에 먹든 항상 뜨거운 상태로 서빙되어야 한다.

이른 아침 거리를 나서면 도시 곳곳의 찻집과 노점 그리고 식당 앞에 모힝가를 사려 늘어선 사람들이 보인다. 한 그릇 음식이기는 하지만 자기 취향에 맞춰 주문할 수도 있다. 익힌 국수를 그릇에 넣고 모힝가 국물을 끼얹은 뒤에 고명은 빼달라든지, 삶은 달걀을 얹어 달라든지 하는 식으로 말이다.

모힝가는 어디서나 저렴하게 먹을 수 있는 음식이지만, 집에서 직접 만들어 먹기도 한다. 국물에 생선 맛을 제대로 녹이고

미얀마 만달레이에서 모힝가를 파는 포장마차 ⓒHintha from en.wikipedia.org

들어가는 재료를 부드러워지게 하려고 짧게는 3시간에서 길게
는 온종일 끓이는 요리다. 한번 만들 때마다 큰 솥 가득히 끓여
내는 식이라 친족, 친구들과의 모임에 종종 등장한다.

　이처럼 모힝가는 19세기까지는 요리책에서 찾아볼 수 없던
서민 음식이었지만, 지금은 미얀마에 가면 반드시 먹어봐야 하
는 5대 음식 중에 절대 빠지지 않는 명실상부한 미얀마 국민 음
식이 되었다.

아시아 속 미얀마의 현재, 음식과 삶

　미얀마는 동남아시아에서 두 번째로 큰 나라답게 역사가 길

고, 세계적으로 유명한 문화유산이 많다. 아침 안개가 걷히면서 떠오르는 태양 빛을 받아 서서히 제 모습을 드러나는 바간 사원의 풍경, 인레 호수에서 낚시하는 어부들의 털털한 웃음, 만달레이 성에서 바라본 고대와 현대가 공존하는 도시의 고즈넉한 풍경, 그리고 온통 금으로 둘러싸인 양곤의 쉐다곤 불탑을 잊지 못해 미얀마를 다시 찾는 이들이 끊이지 않는다. 비록 군부 독재와 쿠데타로 멍들기는 했지만, 아웅산 수치 여사를 비롯해 미얀마의 민주화를 갈망하는 수천수만 명의 시민들 덕분에 세계적 관심이 끊이지 않는다.

그러나 미얀마의 음식 문화, 혹은 정말 평범한 사람들의 일상에 관한 이야기는 잘 들을 수 없다. 미얀마 관련 뉴스나 연구 대부분이 군부 정치, 경제 위기, 내전의 장기화로 인한 안보 문제 등에 관한 것이다. 잔혹하고도 끈질긴 군부 독재가 미얀마 사람, 미얀마의 문화까지도 가려버린 것이다. 특히 2021년 2월에 일어난 군부 쿠데타 이후 미얀마는 동남아시아 국가들 사이에서, 그리고 전 세계적으로 고립되어 가고 있다. 미얀마 음식 문화도 이러한 정치 상황을 반영한다. 모힝가나 렛펫또는 미얀마의 국민 음식이지만, 나라 밖으로 나가면 맛보기가 어렵다. 미얀마 이민자나 이주자가 많은 곳에서도 재료를 구하기 어렵거나 지역민 입맛에 안 맞는다는 이유로 쉽게 접할 수 없다.

전 세계 대도시에서 문을 연 아시아 레스토랑 수가 지난 5년 동안 폭발적으로 늘었다. 미얀마 이웃 국가인 태국과 베트남 음

미국 워싱턴주에서 미얀마 이주민이 운영하는 식당 '버마 슈퍼스타'의 모힝가
©Gary Stevens from flickr.com

식점은 한 도시 안에도 여러 개가 있어서, 누구나 쉽게 동남아
시아 음식을 접할 수 있다. 그러나 미얀마는 예외다. 미얀마 사
람과 음식은 그들의 국경 밖에서는 만날 수 없는 낯선 존재처럼
느껴진다.

한 나라, 혹은 한 공동체의 음식은 그들이 속한 사회, 경제, 정
치, 문화, 환경과 떼려야 뗄 수 없는 관계다. 음식 문화는 해당
공동체의 정체성을 보여주는 아주 중요한 상징이다. 그렇기에
음식과 사람, 그들이 속한 환경을 이해하는 것은 어떤 음식의
기원과 종주국을 가려내는 일보다 중요하다. 미얀마가 군부 독
재와 내전으로 무고한 희생을 치르지 않았다면, 경제 위기로 나
라 전체가 휘청거리지 않았다면, 미얀마 음식에 대한 우리의 이

해는 지금과 달랐을 것이다. 어쩌면 그들의 음식에 대한 이해가 궁극적으로 그들이 처한 환경을 개선하는 데 도움이 될 수 있을지도 모른다. 미얀마 사람들의 소소한 일상과 음식에 대한 전 세계적인 관심이 그들의 민주화 노력이 결실을 보는 데 끊임없는 지지를 보내는 원동력이 되듯이 말이다.

그래서 우리도 미얀마의 정치적 혼란과 경제 위기가 가려버린 미얀마 사람들의 삶에 관심을 가졌으면 좋겠다. 그래야 양곤의 찻집에서, 만달레이 거리에서 따뜻한 모힝가를 만끽할 기회가 찾아올 수 있다. 한국에 들어와 있는 2만 6000여 미얀마인들이 자기들 음식을 한국인과 나눌 기회가 많아질 수 있다. 삶이 음식을 만든다. 사람이 있어야 음식 문화도 존재하고 서로의 음식을 나눌 기회가 생긴다.

라오스 매콤 수프 오 람

아세안 문화유산 관련 회의에 참석했다가 우연히 라오스 문화재청 관리와 이야기를 나누게 되었다. 내게 라오스에 가본 적이 있냐고 묻길래 20년 전쯤 배낭여행을 한 적이 있다고 했다. 어디 가봤냐는 질문에 왕위엥에도 가보고, 루앙프라방에도 가보고 하다가, 나머지는 너무 오래되어 기억이 안 난다고 얼버무렸다. 그는 지금은 그때와 많이 바뀌었으니 꼭 다시 가보라고 했다. 이 짧은 대화는 내게 라오스에서의 추억을 불러오는 '프루스트의 마들렌'이 되어버렸다.

급하게 가방을 챙겼다. 새 학기 시작 전이라 긴 시간을 낼 수 없어서 일단은 수도 비엔티안(라오어로 '위앙짠')과 루앙프라방을 다시 가보기로 했다. 20년 만에 루앙프라방 시내에 도착했을 때는 모든 것이 낯설게만 보였다. 처음 왔을 때는 대책 없이 혈기

왕성한 배낭여행자였지만, 지금은 지나가는 사람들에게 태국어로 이 호텔이 어디 있느냐고 물을 수 있고, 왜 혼자서 루앙프라방에 왔냐고 묻는 사람들에게 현지 조사차 왔다고 말할 수 있는 사람이 되었다. 루앙프라방보다 루앙프라방을 다시 찾은 나 자신이 너무 많이 변해버렸다. 나에게 루앙프라방은 더 이상 화려한 사찰과 왕궁 사이사이를 주황색 승복을 입은 어린아이들이 수놓은 거리, 소수 민족이 만든 형형색색의 공예품이 즐비한 시장 풍경이 있는 동화 같은 도시가 아니었다.

란상 제국의 영광을 뒤로하고 1707년에 홀로 우뚝 선 루앙프라방 왕국은 1893년 프랑스 보호령으로 전락했다. 1953년 라오스가 독립하면서 프랑스 식민 통치를 지지했던 루앙프라방 왕실의 시사왕웡 왕이 군주가 되었다. 그러나 곧 냉전 시대가 낳은 이념 투쟁에 휩쓸려 제2차 인도차이나 전쟁의 희생자가 되는 비운의 역사를 겪는다.

베트남 전쟁 당시 라오스에 투하된 폭탄의 양은 제2차 세계 대전 기간 동안 유럽 전역에 투하된 폭탄의 양과 맞먹는다. 루앙프라방도 폭격을 받았고 아직도 불발탄이 남아 있다. 산에 가서 버섯을 따다가 불발탄이 터져 시력을 잃거나, 친구들과 벌판에서 뛰어놀다가 마찬가지 이유로 다리를 잃었다는 뉴스가 매년 나온다. 1975년 공산당이 집권하고 왕정제가 폐지되면서 라오스는 사회주의 국가로 새로 태어나고 루앙프라방 왕궁은 국립 박물관이 된다. 1995년 도시 전체가 유네스코 세계 문화유산

라오스 루앙프라방 지역 메콩강변 식당에서 먹은 오 람

으로 지정되면서 관광객이 가장 많이 찾는 도시가 되었다.

　음식 이야기를 하기도 전에 루앙프라방의 역사를 길게 설명한 이유는 지금부터 소개할 '오 람'이라는 라오스 음식이 바로 이 도시에서 태어났기 때문이다. 나는 사실 '오 람'의 태국 버전으로 태국 이싼의 '껭 엄'을 먼저 먹어봤다. 민물에서 난 생선과 피시 페이스트(태국어로 '쁠라 라', 라오어로 '빠덱')가 만들어낸 비릿하

　　　　　　　　　　　　　미식 동남아

면서도 감칠맛이 나는 국물이 딜(dill)과 바질의 향과 완벽한 조화를 이루어 너무 좋아했었다. 태국 친구들이 '껭 엄'이 라오스의 '오 람'과 비슷하다고 해서 라오스에 도착하자마자 먹어봤는데 여러 번 먹어봐도 껭엄과는 맛이 달랐다.

현 수도인 비엔티안을 중심으로 한 라오스 중부 지역은 태국의 이싼 지역과 교집합이 많다. 음식도 문화도, 심지어 언어도 공유하고 있다. 그래서 라오스의 '오 람'이 태국의 '껭 엄'과 비슷하다는 주장에 대해 나는 역사학적·정치학적 관점에서는 동의하나 심정적으로는 동의할 수 없다. 이처럼 복잡한 감정이 들게하는 '오 람'을 살펴보면서 이것이 왜 라오스 루앙프라방의 고유 음식인지 알아보자.

왕실 음식에서 서민의 일상식으로

라오스어로 '오'는 걸쭉한 수프를 의미하고 '람'은 대나무 통 안에 재료를 넣고 불에 굽는 조리 방법을 말한다. 즉 오 람은 대나무 안에서 찐 재료들을 넣은 걸쭉한 국물 요리라는 것이다. 고기와 각종 채소가 들어가서 영어로는 '스튜'라고 부르지만, 수프나 스튜보다는 훨씬 더 국물이 걸쭉하다. '람' 조리법을 사용해서 음식 이름이 '오 람'이 되었다고 하는데 레시피를 찾아보면 대부분이 '람' 과정은 건너뛴다. 조리법이 간소화되었다는 건 특

루앙프라방에서 찾은 피아씽 짜른신의 《라오스의 전통 요리법》 책 표지

별한 날이 아닌 날에도 간단하게 만들어 먹는 음식이 되었다는 걸 의미한다. 다수의 요리 전문가나 블로거들이 '오 람'을 루앙프라방 왕실 음식으로 소개하는데, 그렇게 보기에는 무리가 있다. 서민들이 즐겨 먹는 일상식이 된 지 한참 지났기 때문이다.

'오 람'이 궁중 음식이라는 선입견은 1981년에 출판된 《라오스의 전통 요리법》에 오 람 레시피가 나온다는 데에서 연유한다. 여기에 소개된 피아씽의 오 람 레시피는 다음과 같다. 우선 물에 레몬그라스, 물소 고기, 물소 껍질, 샬롯, 고추, 가지와 '사칸'으로 불리는 매운맛 나는 후추나무 줄기를 넣고 끓인다. 여기에 라오스식 피시 페이스트 '빠덱'을 넣고 간을 한다. 고추와 가지가 익으면 재료들을 꺼내 절구에서 빻은 뒤 다시 냄비에 넣는다. 여기에 박(樕)의 잎, 고추의 어린 순, 바싹하게 튀긴 돼지

미식 동남아

껍질, 딜과 스위트 바질을 넣고 끓여 향을 낸다. 그릇에 뜨고 나서 위에 다진 쪽파를 올려서 낸다. 다른 기록에 따르면 원래 루앙프라방 왕실에서는 사슴 고기를 썼다고도 한다.

이 레시피를 영어로 번역한 앨런 데이비드슨은 오 람을 조리하는 방법이나 재료는 너무도 다양해서 고기와 생선, 채소와 버섯이 다양하게 들어가는 '오 호'라고 불리는 음식과 헷갈릴 수 있다고 했다. 그래도 피아씽의 레시피가 정통이라는 말을 주석으로 덧붙였다. 실제로 오 람의 레시피는 정말 다양하다. 피아씽의 레시피에는 가지와 다양한 종류의 허브가 주로 들어가지만, 시중에서 쉽게 접하는 오 람에는 양파, 콩 껍질, 고수, 마늘, 버섯 등이 추가된다. 물소 고기 대신에 닭고기, 생선, 메추라기 등을 넣기도 한다. 불맛을 내기 위해 '람' 조리법을 활용하여 고기와 레몬그라스를 불에 한 번 구운 뒤 육수를 만들기도 한다. 국물을 더 걸쭉하게 하려고 찹쌀을 찧어서 넣기도 하는데, 그러면 농도가 거의 죽에 가까워진다. 시간이 지남에 따라 들어가는 재료는 다양해지고 맛과 식감도 조금씩 변한 것이다.

레시피는 바뀔 수 있어도 '빠덱'과 '사칸' 그리고 가지가 들어가야 진짜 오 람이라고 할 수 있다. 색이 붉지 않지만 오 람은 매콤한 음식이다. 이 매콤한 맛을 내는 재료가 바로 나뭇가지같이 생긴 '사칸'이다. 동남아시아 전역에서 자라는 후춧과 나무(영어로는 'Chili Wood')인데 태국 북부 지역과 라오스의 요리에 주로 사용된다. 정향처럼 혀를 얼얼하게 하는 효과가 있고 후추의 매운

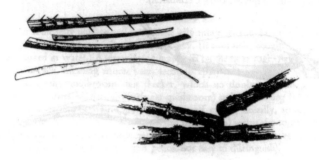

Sa-khan is another woody stem, this time with a spicy flavour, which belongs to the genus PIPER. It is shown below right.

피아씽 요리책에 묘사된 '사칸'

맛도 낸다. 그래서 식욕 촉진제나 방부제, 이뇨제 등의 약재로도 쓰인다. 이 재료가 라오스 요리에 쓰이기 시작한 때가 1600년대여서 오 람의 기원도 그즈음으로 본다. 매운맛을 내는 또다른 재료는 우리가 흔히 접하는 길고 부드러운 가지보다는 짧고 더 단단한 육질을 가진 공 모양의 가지다. 라오스식 파파야 샐러드에도 들어가는데 고추 같은 매운맛을 낸다. 여기에 '빠덱'이 들어가 국물의 농도를 잡아주면서 감칠맛이 난다.

들어가는 재료에 따라 조리 시간이 조금씩 달라지기는 하지만 기본적으로 오 람은 오래 끓여 고기와 채소를 부드럽게 만드는 음식이다. 미리 만들어두어 파는 곳도 있겠지만 시간이 걸리더라도 그때그때 만들어서 파는 곳도 있다. 최근에 루앙프라방에 가서 오 람을 먹을 때 나는 후자를 선택했다. 바쁜 점심시간을 피해 루앙프라방 왕궁 후문에 있는 메콩강변에 있는 식당을

미식 동남아

찾아가 오 람을 주문했다. 종업원이 살짝 난처한 표정을 짓더니 주문은 가능한데 시간이 좀 걸릴 거란다. 다시 나가서 사찰 하나를 더 보고 올 시간은 될 것 같았지만, 그냥 달라고 했다. 한 시간 정도 식탁에 앉아서 메콩강을 보면서 커피도 마시고 일기도 쓰면서 기다리니 고대했던 '오 람'이 나왔다. 방금 솥에서 나와서 그런지 엄청 뜨거웠지만 술술 넘어갔다.

라오스 음식 문화와 정체성

나는 '오 람'보다 태국 이싼식 '껭 엄'을 먼저 먹어봤다. 이싼 음식 조리법에서 라오스의 '오'처럼 물을 넣고 고기나 채소를 오래 끓여 부드럽게 만드는 조리법은 여러 가지가 있다. 그중 하나가 '엄'인데 재료를 부드럽게 만든다는 뜻이다. 맛도 비슷하고 조리법도 비슷해 보이지만 껭 엄이 오 람보다 향초의 향이 더 강하게 느껴지고 후추의 매운맛은 덜하다. 라오스에서는 찹쌀밥을 멥쌀밥보다 훨씬 더 많이 먹는데, 숟가락으로 떠먹기도 하지만 대체로 손으로 적당량을 떼어내어 동그랗게 주물러 음식에 찍어서 먹는다. 오 람도 찹쌀밥과 함께 먹는데 밥알이 국물에 흩어지지 않도록 끈적끈적하게 만든다. 껭 엄은 오 람보다는 좀 더 수프에 가까워서 국물이 더 많다. 마지막으로 오 람의 매콤한 맛은 사칸이 내지만 껭 엄의 매운맛은 고추가 낸다. 껭 엄

태국 선생님이 만들어주신 이싼식 닭고기 '껭 엄'

과 오 람은 다른 요리다.

중국, 베트남, 태국, 캄보디아로 둘러싸인 라오스는 내륙 국가다. 해물 요리가 적고 산이나 들에서 사냥하거나 집에서 기른 동물과 강에서 잡은 민물고기, 숲에서 채집한 향초와 향신료, 야생 과일과 채소 등이 음식 재료로 많이 쓰인다. 그래서 라오스 요리는 주변국 요리보다 훨씬 더 '날것'에 가깝다고 한다. 익히지 않은 음식 종류도 많지만, 신선한 재료들을 많이 사용하기 때문이다. '빠덱'과 '사칸'을 요리에 사용하는 것이 그 대표적인 예라고 할 수 있겠다. 민물에서 나는 작은 생선들을 발효해 만든 '빠덱'과 산에서 채집한 나무줄기인 '사칸'은 자연이 선물한 최고의 조미료다.

자연에서 얻은 재료를 날것으로 쓰는 요리 방법은 화교의 영향을 많이 받아 익힌 것을 주로 먹는 태국 음식 문화와 확연히 다르다. 혹자는 날것을 선호하는 문화가 지속되는 이유를 더딘 문명화와 근대화로 설명한다. 개발이 더뎌서 어쩔 수 없이 전통 방식을 유지한다는 뜻이다. 라오스 음식이 덜 근대화되었다는 말을 에둘러 표현한 듯하다.

라오스의 역사와 문화 그리고 전통에 관한 연구나 비평 중에는 라오스를 태국과 베트남의 아류쯤으로 보는 관점이 많다. 그래서 루앙프라방의 오 람을 태국 이싼의 껭 엄에서 파생된 음식으로 설명하는 레시피도 종종 만난다. 여기에 대한 반발 때문인지 오 람의 정통성을 루앙프라방 왕실에서 찾고 싶어 하는 이들도 종종 본다. 앨런 데이비드슨의 주장대로 피아씽이 남긴 레시피가 정통이라면 오 람은 루앙프라방 고유의 음식이 맞다. 루앙프라방 산간 지역에서 나는 물소 고기와 사칸을 이용해 맛을 내고 라오인들이 감칠맛을 내기 위해 사용하는 빠덱과 섬세한 매콤한 맛을 내는 공 모양의 둥근 가지를 쓴다. 이렇게 만드는 오 람은 라오스에서, 특히 루앙프라방에서 본래의 맛을 찾을 수 있다.

루앙프라방 왕실의 시사왕웡 왕은 시암과 베트남 같은 주변 열강으로부터 왕실을 보호하고자 프랑스 식민 통치를 적극적으로 지지했다. 그는 같은 왕족 출신인 펫사랏 왕자가 1945년에 만든 '해방 라오스(라오 잇싸라)'라는 민족주의 운동 단체와의 협력을 거부하고는 1946년 라오스를 재점령하기 위해 돌아온 프랑스에 의해 다시 라오스 군주가 되었다. 루앙프라방 왕족이던 수파누웡 왕자는 1950년 라오스 공산주의 운동의 핵심축이던

루앙프라방의 '흐안 짠' 박물관에서 본 루앙프라방 전통식(傳統食) 사진

'빠텟 라오'를 만들었는데, 이 빠텟 라오가 결국 1975년 라오인민 민주공화국의 탄생을 이끌었다. 그렇게 루앙프라방 왕실의 역사는 막을 내린다. 하지만 루앙프라방의 역사와 전통은 계속 이어졌고, 이는 라오인들의 자부심이 되었다. 오 람이라는 루앙프라방의 음식은 이렇게 라오스를 대표하는 전통 음식이 되었다.

너무 짧았던 루앙프라방 여행의 마지막 날은 매일 아침 왕궁 박물관 근처에서 열리는 전통 시장에서 보내기로 했다. 오 람뿐만이 아니라 내가 너무나도 좋아하는 바나나 나뭇잎에 찐 생선조림(목 빠), 물소 고기 소시지(사이 우아) 등을 만드는 재료가 길 한복판에 쭉 널려 있었다. 초록색의 향초와 채소들, 주황색의 토마토, 흰색·보라색·초록색 줄무늬가 있는 동그란 가지, 그리고 그 옆으로 말린 물소 고기와 껍질, 강에서 자란 수생 채소로 만

미식 동남아

든 김, 웬만한 토종닭보다 몸집이 더 큰 민물 생선들, 그리고 이 생선을 토막 내 만든 튀김과 젓갈 등이 혼을 빼놓았다. 얼른 아침을 해결하고 공항으로 가야 하는데 쉬이 발길이 떨어지지 않았다.

레시피는 변한다. 변하는 것이 오히려 더 자연스럽고 당연하다. 오 람은 변화를 오롯이 품고 꾸준히 발전해온 음식이다. 정통성은 시시각각 다가오는 변화의 요구를 능숙하게 품어줄 수 있을 때 증명된다. 그런 의미에서 오 람은 라오스의 역사와 전통이 고스란히 담긴 음식이다.

5부

✦✧✦✧✦✧✦✧✦✧✦✧✦

아시아를 닮은 행복의 맛
-디저트 이야기

✦✧✦✧✦✧✦✧✦✧✦✧✦

베트남 크레이프 **반쎄오**

미얀마 호떡 **쁠라따**

태국 찹쌀 디저트 **카오니아오 마무앙**

필리핀 빙수 **할루할로**

베트남 크레이프 반쎄오

내 고향 제주에는 '빙떡'이라는 전통 음식이 있다. 메밀 반죽을 얇게 부친 뒤 대나무로 만든 소쿠리를 뒤집어 그 위에 올려놓고 열기가 조금 가시면 무 숙채를 넣어 돌돌 말아서 만드는 메밀전병처럼 생긴 요리다. 설명만 들으면 쉽게 만들 수 있을 것 같지만, 메밀 반죽을 얇게 부쳐 내려면 미지근한 물을 넣어 묽게 만든 반죽을 계속 저어야 하고, 부치면서 거품이 생기지 않게 해야 하며, 적절히 잘 식힌 다음 속을 넣어야 부침이 갈라지지 않고 둥글게 말리기 때문에 그리 쉬운 요리는 아니다. 그래서 명절처럼 친척들이 다 모이는 특별한 날에만 만들었다. 무 숙채는 밍밍하고, 메밀 맛은 거칠어 어릴 때는 그리 좋아하지 않았는데, 지금은 너무나도 그리운 고향 음식이 되어버렸다.

베트남식 크레이프 혹은 팬케이크로도 불리는 '반쎄오'를 처

하노이 식당에서 파는 반쎄오 ⓒ이한우

음 접했을 때 내 머릿속에 제주도 빙떡이 떠올랐다. 돼지고기, 새우, 숙주, 녹두를 감싼 크레이프가 노란색이어서 달걀을 넣고 반죽한 줄 알았는데, 나중에 알아보니 쌀가루에 강황 가루를 넣어서 색이 그랬다. 내가 먹어본 반쎄오는 얇게 부쳐 바삭바삭해진 크레이프에 각종 쌈 채소와 바질, 민트 등의 허브를 넣어 쌈을 만든다. 이걸 베트남식 피시 소스인 느억맘이 들어간 소스에 찍어 먹는 방식이었다. 베트남 친구에게 물어보니 그건 남부식이란다. 중부식은 크레이프보다는 팬케이크에 가깝다고 한다.

베트남을 대표하는 간식 혹은 애피타이저로 베트남식 스프링롤(월남쌈)도 있고 '반미'라는 샌드위치도 있다. 하지만 이들보

미식 동남아

다 상대적으로 덜 알려진 '반쩨오'를 소개하는 건 어떨까 하는 생각이 들었다. '반쩨오'는 어떤 음식인지, 어디서 기원했는지 알아보고, 어떻게 오늘날 베트남의 대표 간식이 되었는지 살펴보자.

쌈에 싸서 먹는 베트남식 전병 요리

반쩨오는 쌀가루나 밀가루로 만든 빵이라는 의미를 가진 '반 (bánh, 북부에서는 '바잉'이라고 발음)'과 '지글지글'이라는 뜻의 '쩨오 (xèo)'가 합쳐진 이름이다. 반죽을 얇고 바삭하게 부치려고 기름을 두른 웍을 슬슬 돌리는데, 이때 나는 소리를 표현한 것이다. 이름에서도 알 수 있듯, 반쩨오의 특징은 크레이프처럼 얇고 바삭한 겉과 뚜껑을 덮어 찌듯이 익혀낸 속이다. 말 그대로 '겉바속촉' 요리다.

전통적으로 반쩨오 반죽은 쌀가루로 했다고 한다. 요즘은 밀가루나 전분을 적당히 섞어서 겉을 좀 더 바삭하게 만들고, 갈색이 좀 더 나게 한다. 반죽은 노란색을 내는 강황 가루를 넣은 쌀가루에 물과 소금, 그리고 코코넛 크림 혹은 밀크를 넣어 만드는데 최소 2시간에서 하룻밤 정도를 숙성시켜야 제맛이 난다고 한다. 반죽을 만들 때 밀가루를 조금 넣으면 다 익은 반죽을 반으로 접을 때 부서지지 않고 모양을 잘 유지하는 데다가 남은

여러 개의 웍으로 동시에 반쎄오를 만드는 베트남 상인 ⓒQuang Nguyen Vinh from pexels.com

반죽의 저장 기간도 길어진다고 한다.

기름칠이 골고루 잘된 웍에 잘게 썬 돼지고기(주로 삼겹살), 새우, 양파 등을 넣고 살짝 익힌 뒤 이들을 웍의 바깥쪽에 잘 배열한다. 그러고 이 위에 국자로 뜬 묽은 반죽을 붓고 웍을 돌려가며 빈 곳이 없도록 넓게 채워준다. 곧 반죽이 지글지글 끓으면서 거품이 올라오는데 이 거품이 가라앉으면 준비해둔 녹두와 숙주를 넣고 불을 중불로 낮춘 다음 뚜껑을 덮어 약 3분간 쪄준다. 숙주가 숨이 죽을 무렵에 뚜껑을 열어 반죽이 바삭해지게 한 뒤 주걱으로 반으로 접어 반달 모양을 만들면 완성이다.

레시피만 보면 한국의 전이나, 일본의 오코노미야키, 중국의 젠빙과 비슷하다. 그러나 이들과 다른 반쎄오만의 특징이 있으

미식 동남아

락사 잎, 베트남 민트 등으로 불리는 베트남 음식의 대표적인 허브 '자우 잠' ⓒDavid Dettmann

니 바로 함께 나오는 쌈 채소와 각종 허브, 그리고 소스다. 나는 처음 반쎄오를 먹을 때 '왜 전을 상추에 싸 먹지?' 하고 의아해했는데, 먹고 나서 바로 이해했다. 상추나 양상추에 바삭한 반쎄오 조각을 넣고 쌈을 만든 뒤 '느억 짬'으로 불리는 피시 소스, 라임 주스 혹은 식초, 땅콩, 마늘, 쥐똥고추 등이 들어간 소스에 찍어 먹으면 느끼하지 않고 오히려 상큼한 맛이 나 샐러드를 먹는 듯한 느낌도 든다. 사람마다 호불호가 갈리겠지만, 손바닥만 한 상추에 바질, 민트 그리고 각종 허브를 고루 넣고 반쎄오를 올려 먹으면 새우나 돼지고기 혹은 피시 소스의 비린 맛이 나지 않고 입안에 기분 좋은 향이 남는다.

경제 개혁 '도이 머이'와 길거리 음식 반쎄오

어느 요리나 그렇듯이 반쎄오의 기원에 대해서도 여러 가지 설이 있다. 한편에서는 반쎄오가 중부 지역, 혹은 베트남 마지막 왕조인 응우옌 왕조의 수도였던 후에 지역에서 시작되었다고 한다. 이들은 후에의 '반코아이(bánh khoái)'가 남부로 전파되면서 변형되어 반쎄오가 되었다고 한다. 중부 지역에서 시작되었다고 주장하는 이들은 반쎄오가 떠이선 왕조 시기의 유산이라고 말한다. 떠이선 왕조는 떠이선 지역 출신의 삼 형제가 1778년에 건국하여 1802년까지 단 24년간 존재했던 왕조다. 이때 기록에 따르면 매월 음력 2일과 16일에 밥 대신 먹었던 음식이 지금의 반쎄오가 되었다고 한다.

다른 한편에서는 반쎄오가 2세기부터 19세기까지 베트남 남부와 캄보디아 동북부에 걸쳐 있던 말레이계의 '짬'인들이 건설한 짬파 왕국의 영향을 받아 만들어진 요리라고 한다. 음과 양의 조화를 이룬 맷돌을 숭배했던 짬인들이 불린 쌀을 맷돌로 갈아 만들어 먹었던 전병 요리가 반쎄오의 시작이라는 것이다. 혹자는 11세기 이전에 남인도 요리가 베트남으로 전파되면서 베트남식 팬케이크 요리에 영향을 주었다고 한다. 이렇게 반쎄오의 기원에 대한 의견이 분분하지만, 대체로 북부 베트남에는 반쎄오의 고향이랄 만한 데가 없는 것 같고, 현대에 들어 전 지역으로 전파된 것으로 보인다.

중부식 반쎄오의 전형으로 알려진 반코아이는 남부식보다 두껍고 작다. 후에 사람들은 쌀가루 반죽을 장작불로 구워 빵을 만드는 전통이 있다고 알려졌는데, 장작불 연기에 영감을 받아 '연기'를 의미하는 '코아이'를 붙여 '반코아이'라는 후에식 팬케이크 요리를 탄생시켰다고 한다. 돼지 간으로 만든 소시지나 삼겹살, 새우, 숙주나물, 버섯 등의 속 재료에다 쌀가루와 강황 가루에 물을 넣어 만든 반죽을 얹어 만든 요리로 반쎄오와 비슷해 보이지만, 후에 지역에서는 예로부터 왕에게 진상하는 음식처럼 아름답고 화려하게 만들었다고 한다. 반코아이와 함께 먹는 쌈 채소 외에도 신맛이 많이 나는 별 모양의 열대 과일인 스타프루트(star fruit)나 바나나 나뭇잎, 그리고 얇게 썬 무화과를 곁들어서 요리 전체의 색감이 다양하다. 그리고 느억 짬이라고 불리는 소스에 땅콩 가루와 볶은 참깨가 들어간 것도 후에 반코아이의 특징이다.

오늘날 베트남 전역에서 쉽게 찾아볼 수 있는 반쎄오는 크게 두 종류로 나뉘는데 일반적으로 중부식은 지름 10~15센티미터 정도에 약간 두껍게 만들어서 우리가 흔히 생각하는 팬케이크에 가깝다. 남부식은 지름이 10~30센티미터 정도로 반죽을 넓고 얇게 부쳐내기에 크레이프에 가깝다. 즉 중부에서 남부로 갈수록 더 커지고 얇아지고, 그래서 더 바삭해진다. 바삭한 만큼 잘 부서지기 때문에 월남쌈을 만들 때 쓰는 라이스 페이퍼가 함께 나와 반쎄오 조각을 싸서 먹기도 한다. 이렇게 남부식 반쎄

중부식 반쎄오의 전형으로 알려진 '반코아이'. 땅콩 소스와 스타프루트가 함께 나온다.
ⒸNguyễn Thanh Quang from en.wikipedia.org

오는 쌈을 만들기 때문에 주로 손으로 먹지만, 중부식 반쎄오는 두께가 있어서 달걀말이나 전을 먹을 때처럼 젓가락을 사용할 수 있다.

크기와 두께, 그리고 먹는 방식이 중부식과 남부식의 차이를 드러내듯이 그 안에 들어가는 속 재료 또한 지역적 특성을 잘 보여준다. 돼지고기나 새우, 녹두, 숙주가 대부분 기본적으로 들어가지만, 남부 지방의 반쎄오는 바다와 가까운 덕분에 해산물을 추가하기도 한다. 돼지고기도 베이컨으로 대체하거나 오리고기가 들어가기도 한다. 채소도 강낭콩이나 카사바 등이 추가로 더 들어간다. 현대에는 중부식 반쎄오에 오징어가 추가되

미식 동남아

었다. 지역 간 교류가 활발해지면서 중부식, 남부식을 떠나 들어가는 재료도 다양해지고, 음식을 만드는 방법도 조금씩 변하고 있다.

지금은 남부식 반쎄오가 후에의 반코아이보다 더 알려졌지만, 사실 반쎄오라는 요리 자체가 사이공에서 인기를 얻기 시작한 것은 1980년대라고 한다. 1945년 9월 2일 호찌민은 전 세계를 향해 베트남의 독립을 선언했지만, 1954년까지 프랑스와 독립 전쟁을 벌여야 했다. 독립하자마자 남과 북으로 분단돼 내전을 벌였고, 미국이 개입하면서 1975년까지 베트남에는 전쟁의 포화가 끊이지 않았다. 30여 년간의 전쟁으로 초토화된 베트남은 경제 복구를 위해 노력했지만, 1979년 중국과의 전쟁으로 또다시 상처를 받는다. 베트남이 과거의 아픔을 딛고 일어설 수 있었던 시기가 바로 1980년대였다. 이른바 '도이 머이'로 불리는 경제 개혁의 시대가 도래한 것이다.

산업화 정책에 따라 노동자들이 일자리가 있는 도시로 몰려들었고, 이들이 간편하면서도 저렴하게 한 끼를 해결할 수 있는 음식들이 길거리 상인들에 의해 팔리기 시작했다. 산업화가 특히 더디던 중부 베트남 지역 농부들과 젊은이가 새로운 직장과 기회를 찾아 호찌민시 등 대도시로 왔으며, 과거 이들이 들판에서 일하면서 먹으려고 바나나 나뭇잎에 싸서 가지고 다녔던 반쎄오기 시내 곳곳에서 팔렸다. 이 길거리 음식이 부유층에게 알려지면서 대형 식당 메뉴에도 등장했고 요즘은 반쎄오를 전문으로 하는 프랜차이즈 식당을 쉽게 찾아볼 수 있다.

서울 거리를 지나다 보면 베트남 쌀국숫집이 한국식 장터국수 집보다도 더 많아 보인다. 그중 반쎄오를 만드는 식당을 지금까지는 찾기 쉽지 않다. 그래도 제주도에 여행을 가는 친구들에게 '빙떡'을 설명하고 추천할 때처럼 베트남을 찾는 친구들에게 '반쎄오'를 권한다. 동남아시아 국가 중 한국과의 인적 교류나 경제 협력이 가장 활발한 나라가 베트남인 만큼, 반쎄오도 한국에서 쉽게 접할 수 있는 음식이 되면 좋겠다.

미식 동남아

미얀마 호떡 쁠라따

    기운이 한창 왕성했을 때는 도시 사이를 이동할 때 시간을 줄이려고 종종 야간 버스를 탔다. 2008년 처음 미얀마에 갔을 때는 체류할 시간이 열흘밖에 없어서 낮에 양곤 시내를 부지런히 돌아다니다 밤에 게스트하우스에서 짐을 찾고 곧바로 시외버스터미널로 가서 만달레이행 버스를 탔다. 그때는 도로 사정이 좋지 않아서 만달레이까지 무려 16시간이 걸렸다. 예전에 인도에서 배낭여행을 할 때도 밤 버스를 타고 이동한 적이 있어서 익숙했지만, 막상 가로등은 찾아볼 수도 없는 시골길을 무법자처럼 달리는 버스 안에서 잠을 청하기가 쉽지 않았다. 배낭을 꼭 껴안고 새우잠을 청하려는데 버스가 간이 휴게소 같아 보이는 곳에 섰다. 차 마시는 시간이라고 했다.

    이미 새벽 2시가 넘었는데, 전구 몇 개만 대롱대롱 달린 휴게

미국 워싱턴주에서 미얀마 이주민이 직접 운영하는 '버마 슈퍼스타' 식당의 뽈라타

소 안으로 들어가 보니 먼저 도착한 여행객들이 자리를 잡고 앉아 달콤한 밀크티와 기름에 부친 호떡 같은 것을 먹고 있었다. 아! 이게 말로만 듣던 '뽈라따'구나! 미얀마에서 가장 인기 있는 간식이라는 말을 익히 들은지라 반드시 먹어봐야겠다는 생각이 들었다. 서툰 미얀마어로 렛펫예(미얀마어로 '차'라는 뜻) 한 잔과 뽈라따 한 접시를 시켰다. 그러자 윤기가 넘쳐흐르는 로띠처럼 생긴 빵과 콩조림 같은 소스가 같이 나왔다. 식감은 인도에서 먹어본 빠라타(paratha)처럼 찰지지만 덜 기름졌고, 반죽에 설탕이 들어갔는지 생각보다 달았다. 달콤한 차에 단 기름 빵이라 부담스럽기는 했지만, 이미 10시간 가까이 버스 여행에 지쳤기에 차도, 뽈라따 접시도 금세 비우고 다시 버스에 탔다.

미식 동남아

미얀마의 '뻘라따'는 인도에서 왔다. 재료나 만드는 방법도 인도의 '빠라타'와 거의 같다. 이름도 비슷하다. 굳이 차이점을 찾자면 인도의 빠라타는 밥과 빵처럼 주식에 가깝지만, 미얀마의 뻘라따는 커리와 같이 먹는 주식이 되기도 하고 달콤한 설탕이나 연유가 들어간 간식이 되기도 한다. 그래서 미얀마에서는 뻘라따를 종종 찻집에서 먹는다. 먼저 뻘라따가 어떤 음식인지를 알아보고, 인도의 빠라타가 어떻게 미얀마의 뻘라따가 되었는지 살펴보자.

다양한 재료와 레시피가 있는 변신의 귀재

내가 인도 남부 지역에서 살 때 종종 먹었던 빠라타는 만드는 모습부터 눈길을 사로잡았다. 기름에 전 손으로 진득진득한 반죽을 눌러 납작하게 만든 뒤 피자 도우를 만들 듯이 계속 돌리면서 도마 위로 내리쳐 얇게 편다. 그러면 나는 저러다 반죽이 찢어지거나 딴 데로 날아가지 않을까 싶어 살짝 떨어져서 쳐다보곤 했다.

미얀마 뻘라따의 맛도 바로 이 반죽을 얼마나 치대고 얇게 만드느냐에 달려 있다. 인도의 빠라타처럼 밀가루, 소금, 기름 그리고 물로 반죽을 만든다. 이걸 여러 번 치대고 돌려서 얇게 만든 뒤 돌돌 마는 이유는 그래야 크루아상처럼 공기층이 겹겹이

크루아상처럼 수백 겹의 층이 있는 미얀마 '탓떠야' ⓒWagaung from en.wikipedia.org

쌓여 파이 같은 식감을 낼 수 있기 때문이다. 이렇게 치대고 돌린 반죽을 최대한 넓게 펴서 둥글게 만든 뒤 중심에서 가장자리까지 길게 잘라 원뿔 모양으로 말았다가 다시 눌러서 평평하게 만든다. 이걸 프라이팬에 부쳐 내면 뻘라따가 완성된다.

기술이 부족한 초보라면 치대고 돌리는 과정을 생략할 수도 있다. 대신 숙성시킨 반죽을 동그랗게 공 모양으로 만들어 밀대로 밀어 타원형으로 만든 뒤 기름을 바르고 그 위에 다시 같은 방식으로 만든 반죽을 쌓아 마치 기름에 절이듯이 숙성시킨다. 이렇게 숙성된 반죽은 손으로 가볍게 눌러도 얇게 늘어난다. 반죽을 늘렸다가 다시 돌돌 말아서 달팽이 모양으로 만든다. 그런 다음 손으로 눌러 프라이팬에 부치면 크루아상처럼 얇은 겹이

미식 동남아

생긴다. 이렇게 밀가루를 기본으로 한 반죽을 치대고 돌려 수백 겹의 층을 만들어낸 쁠라따를 미얀마에서는 '백 겹'이라는 뜻의 '탓떠야'라고 부른다. 말 그대로 수백의 겹이 살아 있는 쁠라따 인 것이다.

한국의 호떡은 기름진 밀가루 반죽 안에 설탕과 땅콩 등을 섞 어 만든 속을 넣은 뒤 잘 봉합해서 지글지글 끓는 기름 위에서 거의 튀기듯이 조리한다. 그러면 겉은 바삭해지고 안에 넣은 설 탕은 녹아서 거의 잼처럼 변한다. 미얀마의 쁠라따는 익힐 때 기름을 많이 쓰지 않는다. 반죽이 손에 붙지 않게 하려고 손에 기름을 바르고, 반죽을 얇고 넓게 펴려고 기름을 묻힐 뿐이다. 그래서 완성된 쁠라따, 특히 탓떠야 쁠라따는 인도의 자파티나 중국식 꽃빵처럼 그리 느끼하지 않다. 반죽의 간도 설탕, 소금 등이 약간 가미된 정도라 주로 커리나 다른 반찬과 같이 먹는 다. 예를 들어 이라와디강 유역에 있는 '삐'라는 도시에서는 닭 고기와 감자를 넣어 만든 커리에 쁠라따를 썰어 넣어 먹는다.

반죽에 소고기나 양고기, 닭고기, 혹은 콩을 넣어 만드는 쁠 라따도 있다. 중동 지역과 인도에서 많이 먹는 '난'처럼 납작한 빵(flatbread)으로 만드는 것이다. 미얀마에서 가장 흔히 볼 수 있 는 종류는 콩을 넣어 만든 '뻬 쁠라따'와 소고기를 넣어 만든 '끼 마 쁠라따' 그리고 달걀을 넣은 '쩻우 쁠라따' 등이 있다. 탓떠야 를 만들어 이를 넓게 편 뒤 프라이팬에 올려 익히면서 반죽 위 로 준비한 속 재료를 놓은 뒤 봉투처럼 접는다. 이를 뒤집어가

콩을 넣어 만든 '뻬 쁠라따' ⓒMyominkyaw93 from en.wikipedia.org

면서 앞뒤로 잘 익힌 뒤 간단한 소스와 함께 내놓는다. 이외에
도 반죽 위에 설탕을 뿌리고 코코넛 크림을 발라 달콤하게 만들
고 바나나 같은 과일을 얇게 썰어 얹은 디저트용 쁠라따도 있
다. 이 종류는 태국이나 말레이시아의 거리에서 쉽게 찾아볼 수
있는 '로띠'와 비슷하다고 보면 된다. 쁠라따의 변신 가능성은
무궁무진하다.

빠라타와 쁠라따, 인도와 미얀마

과거 영국의 아시아 지배 전략은 인도에 본부를 두고 다른 지

미식 동남아

역은 간접 통치하는 방식이었다. 그래서 미얀마도 영국의 식민지였지만, 그 안에서도 인도의 일개 주 취급을 받았다. 1886년 영국이 현 미얀마 일부 지역을 직접 통치하기 시작하면서 인도인들의 미얀마 이주가 본격화되었고, 이 과정에서 빨라따도 유입되었다. 쌀이 주식인 미얀마에 밀로 만든 인도 주식이 소개된 것이다.

물론 인도의 빠라타가 그 모습 그대로 정착한 것은 아니다. 미얀마의 빨라따는 여전히 밥을 대신할 주식은 아니다. 한잔의 차와 함께 아침 식사 대용이 될 수 있고, 전국 모든 찻집에서 주문할 수 있지만, 여전히 빨라따는 간식이다.

이를 가장 분명하게 보여주는 것이 바로 단맛이다. 콩이 들어가든 소고기가 들어가든 미얀마식 빨라따는 인도처럼 커리, 반찬과 함께 어우러지는 음식이 아니다. 바쁜 아침에 하루의 에너지를 보강하고, 나른한 오후에 당도를 높여주는 간식이다. 미얀마식 빨라따는 보통 기름에 지진 반죽 위에 설탕을 뿌린다. 그리고 미얀마 사람들은 이 달콤한 빨라따를 더 다디단 밀크티와 함께 즐기곤 한다.

중국과 인도라는 거대 문명권 사이에 있는 미얀마, 더 나아가 동남아시아 전체가 이 두 거대 문명의 영향을 받았다는 사실은 부정할 수 없다. 다만 중소국이라고 해도 고유한 전통이 있다는 점을 기억해야 할 필요가 있다. 미얀마 음식은 중국과 인도의 영향을 받았지만, 지역의 식재료와 사람들 입맛에 따른 현지화

아침 식사나 간식으로 먹는 뻘라따와 홍차 ⓒHintha from en.wikipedia.org

미식 동남아

과정을 겪었다. 그 결과 병아리콩으로 만든 두부와 발효된 차로 만든 샐러드, 그리고 설탕과 코코넛 크림이 올라간 달콤한 뽈라따가 만들어졌다. 미얀마가 다민족 국가라는 점을 생각한다면, 눈이 내리는 북부 까친에서 인도양을 접한 타닌따이에 이르기까지 각 지역마다 커리와 샐러드, 터민죠, 모힝가, 그리고 뽈라따 같은 음식과 관련한 수십 또는 수백 개의 조리법이 존재하는 것은 너무도 자연스럽다. 인도에서 왔든 중국에서 왔든 지역 특색에 맞추어 현지화했다는 점이야말로 미얀마 음식의 특색이자 매력이다.

2015년 미국 뉴욕에서 미얀마식 뽈라따가 처음으로 선보인다. 주인공은 '뜨웨' 씨로, 그는 직접 음식을 만들어 야시장에서 팔았다. 그때 미얀마 음식이 중국이나 인도와 어떻게 다르냐는 질문을 가장 많이 받았다고 한다. 개중에는 심지어 미얀마라는 나라가 존재하기는 하냐는 질문도 있었다. 이에 뜨웨 씨는 미얀마 음식 문화를 알려야 한다는 책임감 혹은 오기가 생겼다고 한다. 미얀마에서 유년 시절을 보내고 1994년 미국으로 이민 간 뜨웨 씨는 식품업을 하던 아버지의 영향으로 일찍이 음식에 관심이 생겼고, 미얀마식 뽈라따 만드는 법도 미얀마에서 배웠다. 그런 그가 굳이 뉴욕에서 즉석 뽈라따를 판 이유는 손도 많이 가고 시간이 오래 걸리는 탓에 미국 어디서도 '진짜'를 맛보기 어려웠기 때문이다. 미얀마 음식을 알리고 싶은 사람들도 뽈라따는 조리 기술이 필요해서 선뜻 메뉴에 올릴 생각을 하지 못하

미얀마 도시 양곤에서 열린 야시장 풍경 ⓒMohigan from en.wikipedia.org

는 상황이었다. 이에 어려서부터 밀가루 반죽을 치대고 돌려 쁠
라따를 만들어본 자신이 나서기로 했다고 한다.

　비록 코로나19 팬데믹의 위기 상황이었지만, 뜨웨 씨는 미얀
마 동료들의 격려와 지원에 힘입어 뉴욕에 조그마한 가게를 낼
수 있었다. 이곳에서는 뜨웨 씨가 직접 반죽한 쁠라따와 미얀마
에서 직접 들여온 발효차로 만든 렛펫예를 먹을 수 있다. 주변
에 차고 넘치는 인도 식당과 중국 식당을 지나쳐 이 작은 미얀
마 식당을 찾는 이들은 뜨웨 씨가 시그니처 메뉴인 끼마 쁠라따
를 만드는 동안 차분히 줄을 서서 기다린다. 익숙한 손놀림으로
잘 숙성하고 치댄 반죽으로 만든 쁠라따와 달콤한 미얀마식 밀
크티가 주는 특별한 행복을 알기 때문이다.

태국 찹쌀 디저트 카오니아오 마무앙

2022년 4월 미국 캘리포니아주 인디오(Indio)에서 열린 코첼라 밸리 뮤직앤드아츠페스티벌(Coachella Valley Music and Arts Festival)에 태국 가수로는 처음 초청된 '밀리(Milli, 본명은 다누파 카나티라꾼)'가 마지막 곡으로 선택한 노래는 〈망고 스티키 라이스(Mango Sticky Rice)〉였다. 2021년 시엔엔(CNN)에서 뽑은 세계 최고의 디저트 50 개 중 하나이자, 태국에서 가장 유명한 디저트로 알려진 '카오니아오 마무앙'에 관한 노래였다. 여기서 끈적끈적한 밥이라는 의미의 '카오니아오'는 '찹쌀'이고 '마무앙'은 망고다. 즉 찹쌀밥과 망고로 만든 음식이라는 뜻이다.

밀리는 노래를 부르다가 자연스럽게 '카오니아오 마무앙' 접시를 들어 올려 무대에서 먹으면서 퍼포먼스를 끝냈다. 밀리의 공연 영상이 유튜브 등에 올라오자 태국에서 '카오니아오 마무

쭐랄롱꼰 대학교 근처 쌈쭈리 스퀘어에서 먹은 카오니아오 마무앙

앙' 열풍이 불었고, 이 디저트를 파는 가게 앞마다 사람들이 줄을 섰다. 밀리가 콘서트 중간에 정부를 비판하는 랩을 한 것에 반발하던 쁘라윳 짠오차 정부도 20배 이상 치솟은 음식 판매량과 전 세계적 관심에 태도를 바꾸고 이 음식이 유네스코 문화유산에 등재될 수 있도록 노력하겠다고 발표했다. 밀리가 만든

'카오니아오 마무앙'의 인기를 태국의 소프트 파워로 발전시키 겠다는 것이다. 그러자 태국이 카오니아오 마무앙의 종주국인 지를 두고 곳곳에서 이견이 나오기 시작했다.

밀리가 대형 무대에서 '망고 스티키 라이스'를 외치기 전에도 이 태국식 디저트는 세계 여러 나라에 진출한 태국 식당에서 쉽 게 찾아볼 수 있을 정도로 유명했다. 4~5월에 당도가 가장 높은 망고의 특성상 여름 간식으로 알려졌지만, 실제로는 사시사철 먹는 국민 간식이다. '카오니아오 마무앙'을 이해하려면 동남아 시아의 찹쌀밥 문화와 그 발전사를 먼저 살펴보아야 한다.

동남아시아 찹쌀 요리의 기원

찹쌀의 기원에 대해서는 논란이 있다. 한편에서는 찹쌀이 적 어도 4000년 동안 대륙부 동남아시아에서 재배됐고, 이를 대체 한 멥쌀은 18세기 이후에 들어왔다고 한다. 다른 한편에서는 찹 쌀이 중국에서 약 2000여 년 전부터 재배되기 시작했으며, 동남 아시아는 중국 남부 다이(傣族)족이 남쪽으로 이주하면서 본격 적인 재배와 소비가 이루어졌다고 주장한다. 이 다이족의 한 줄 기인 라오인들이 메콩강 주변에 정착하면서 '찹쌀밥'이 전파되 었으며 오늘날 라오스와 국경을 접하는 태국 북부·동북부 지역 에서는 멥쌀만큼이나 많이 소비된다고 한다.

치앙마이의 전통치앙마이문화센터(Old Chiang Mai Cultual Center)에서 먹은 '칸똑(란나 제국식 정식상을 의미)'. 커리, 채소 요리 옆에 찹쌀밥이 있다.

기록에 따르면 찹쌀이 라오스에서 재배되기 시작한 것은 약 1100년 전이라고 하지만, 다수 역사가는 훨씬 전인 약 4000년 전부터 먹었을 거라고 주장한다. 찹쌀이 중국에서 들어왔든 대륙부 동남아에서 재배되기 시작했든 그 기원에 대해서는 깔끔한 결론을 기대할 수 없지만, 오늘날 세계적으로 찹쌀 소비가 많은 나라 중 하나가 라오스라는 건 분명하다. 라오스에서도 태국처럼 찹쌀을 끈적끈적한 쌀이라는 뜻의 '카오니아오'라고 부른다. 찹쌀은 라오스의 국민 음식이라고 해도 과장이 아닐 만큼 1인당 찹쌀 소비량이 세계 최고 수준이다. 1980년대에 시작한 '녹색 혁명'으로 멥쌀 개량 품종이 아시아 전역을 휩쓸 때도, 라

미식 동남아

오스 농민들은 찹쌀 재배를 고집할 정도였다. 라오스 사람들은 스스로 '찹쌀의 후손'으로 부를 만큼, 찹쌀에 대한 사랑이 남다르다. 찹쌀은 라오스 사람들의 정체성을 대표하는 매우 중요한 음식이다.

찹쌀과 멥쌀을 구분하는 기준은 전분의 주성분인 아밀로오스(amylose)와 아밀로펙틴(amylopectin)의 함량이다. 찹쌀은 아밀로오스가 아예 없거나 아주 소량 있고, 아밀로펙틴 함량이 거의 100%다. 아밀로오스 함량이 낮을수록 밥을 지으면 광택이 생기고 찰기가 높아지며 시간이 지날수록 더 부드러워진다. 멥쌀은 아밀로오스와 아밀로펙틴 비율이 2대 8 정도다. 아밀로오스 함량이 높을수록 밥을 지으면 찰기가 거의 없어지고 시간이 지나면 딱딱해진다. 한 가지 더 눈여겨볼 만한 점은 아밀로펙틴 함량이 많을수록 소화가 빠르다는 점이다. 그만큼 영양분이 빠르게 체내에 흡수된다는 뜻이다. 대부분 사람은 찹쌀이 백미보다 소화하는 데 오래 걸린다고 생각하지만, 그 반대다. 오히려 찹쌀이 소화 흡수가 빠르고, 그래서 상대적으로 당뇨 위험성도 크다.

굳이 쌀의 영양 성분까지 살펴본 이유는 찹쌀이 동북아시아와 동남아시아, 그리고 남아시아 일부 지역에서 자라지만 그들의 쓰임이 서로 다른 이유를 알아보기 위해서다. 한국에서도 찹쌀을 이용한 간식이 많기는 하지만 대부분은 가루로 만든 떡이나 과자이고, 밥으로 지어 먹는 경우는 드물다. 정월 대보름에

라오스에서 주식으로 먹는 찐 찹쌀밥. 그 주위로 라오스식 고기 샐러드 랍과 선짓국 그리고 각종 향채와 고추가 보인다.

먹는 찹쌀밥이나 약밥·약식 정도가 전부다. 중국과 일본도 마찬가지다. 동남아시아에서 주식으로 삼는 쌀은 대부분 멥쌀인 인디카종인데 이는 한국인들이 주로 소비하는 자포니카종보다 모양이 길고 익히면 찰기가 덜해 밥알들이 잘 붙지 않는다. 그런데 인디카종이 자포니카종보다는 아밀로오스 함량이 높다.

그래서 소화가 천천히 이루어지고 그만큼 에너지가 천천히 공급된다. 동남아시아에서 찹쌀 음식이 더 다양하고 광범위하게 소비되는 이유가 여기에 있다. 인디카종 쌀이 못하는 '빠른 에너지 공급'을 찹쌀이 대신하는 셈이다. 태국의 '카오니아오 마무앙'이 바로 그 증거다.

참을 수 없는 달콤함의 유혹, 카오니아오 마무앙

태국의 역사책과 실록에는 나오지 않지만, '카오니아오 마무앙'은 현 짜끄리 왕조 이전 '아유타야' 왕조 말이던 18세기부터 먹었던 것으로 추정된다. 카오니아오 마무앙으로 추정할 만한 음식이 역사적 기록에 처음 등장하는 시기는 짜끄리 왕조의 두 번째 왕이 재임했던 18세기 말에서 19세기 초 사이지만, '카오니아오 마무앙'이라는 온전한 이름으로 언급된 것은 그로부터 수십 년 뒤인 19세기 말이다. 비슷한 시기에 동남아시아에서 거주하던 한 선교사의 기록에도 바나나 나뭇잎으로 싼, 코코넛 밀크를 섞어 만든 찹쌀밥에 대한 언급이 있는 것으로 보아 이 음식이 19세기 전부터 만들어졌다는 주장은 설득력이 있어 보인다.

이렇듯 100년 이상의 역사를 가진 카오니아오 마무앙이 태국에서 주목받은 사건은 가수 밀리의 퍼포먼스 이전에도 있었다. 1976년 당시 태국 정계에서 위세를 떨치던 육군 총사령관 끄릿

카오니아오 마무앙에서 소스를 위에 추가로 뿌린 것을 '카오니아오 문(moon)'이라고 부른다.
ⓒJoy from flickr.com

시와라 장군의 급작스러운 사망이 그것이다. 당시 끄릿 장군은
1973년 민주화 항쟁으로 퇴출당한 군부 파벌과 대립하고 있었
다. 1976년 4월 중순 그는 골프를 치고 나서 카오니아오 마무앙
을 먹고 속이 더부룩해서 병원에서 치료를 받는다. 검사를 끝낸
뒤 주치의가 상태가 나아지고 있다고 했지만, 불과 일주일도 지
나지 않아 사망한다. 당시 끄릿 장군은 국방장관으로 임명되기

미식 동남아

직전이었기에, 그의 급작스러운 죽음은 화제가 되었고 카오니아오 마무앙은 '불가사의한 죽음'을 상징하는 음식이 되었다.

찹쌀은 소화 흡수가 빠른 만큼 혈당도 빠르게 올려 당뇨환자가 피해야 할 음식 중 하나다. 태국에서도 찹쌀 '카오니아오'는 단시간에 소화하고 힘을 낼 수 있어 고된 육체노동을 하는 이들이 선호하는 음식으로 여겨진다. 망고 역시 당도와 열량이 높고 섬유질이 많아 소화가 빠른 과일이다. '카오니아오 마무앙'은 코코넛 밀크와 야자로 만든 청이나 설탕, 소금을 넣어 만든 소스를 찹쌀밥과 섞어 달게 만든 뒤 이 위에 망고를 곁들어서 먹는다. 그래서 다이어트하는 이들은 피해야 하는 고열량 간식이라는 이야기가 종종 나온다. 온라인에서 '카오니아오 마무앙을 먹고도 살이 찌지 않는 법'과 같은 글들을 찾아볼 수 있을 정도다.

그렇다고 해서 '카오니아오 마무앙'이 기피 음식이 된 적은 거의 없다. 모든 음식에는 장단점이 있다. 잘 먹으면 득이 되고 못 먹으면 독이 된다. 사람마다 체질에 따라 다르다. 카오니아오 마무앙이 태국의 가장 유명한 디저트가 된 이유는 일단 디저트의 첫 번째 임무인 '달콤함'을 제공하는 데 충실하다는 점이다. 그리고 화학 물질을 첨가해 만든 에너지 음료보다 훨씬 건강하고 신선한 재료로 만들었다. 만드는 방법 또한 주재료에 따라 다양하게 변주할 수 있기에 여러 풍미와 식감을 즐길 수 있는 디저트라는 점도 매력이다.

찹쌀도 찰기와 색이 다양하다. 찰기가 조금 떨어지지만 보라색 빛이 나고 꼬들꼬들한 식감이 있는 찹쌀로 만든 카오니아오 마무앙은 소화가 잘되어서, 일반 백미를 먹지 못하는 환자들에게 권해진다. 태국의 카오니아오 마무앙에 들어가는 망고는 일반적으로 '옥렁'과 '남덕마이'라고 불리는 종이다. '옥렁'은 과즙이 많고 단맛이 강하다. '남덕마이'는 '옥렁'보다 노랗지만, 신맛과 단맛이 동시에 나는 새콤달콤함으로 색다른 즐거움을 선사한다.

형형색색 찹쌀밥에 담긴 동남아 문화

동남아시아에는 찹쌀과 현지 재료들의 특성을 잘 살린 찹쌀밥 음식이 많다. 강황 가루와 양파를 넣어 만든 노란 찹쌀밥 '시터민'은 미얀마의 인기 아침 식사 메뉴다. 베트남에는 따이족이 전통적으로 명절이나 중요한 의식을 할 때 하얀색 찹쌀에 각종 자연염료를 넣어 형형색색으로 만들어낸 오색 찹쌀밥 '소이 응우 싹'이 있다. 인도네시아에서는 찹쌀밥을 뜻하는 '께딴'으로 만든 간식과, 찹쌀밥 안에 다진 고기를 넣고 바나나 나뭇잎으로 싸서 찐 '름뻬르'가 있다. 찌고 나면 거의 보라색으로 변하는 검은색 혹은 검붉은색의 찹쌀로 한국의 약식처럼 만든 '뿌또 마야' 또한 필리핀의 대표적 간식으로 알려져 있다. 인도네시아의 름뻬르와 비슷하지만, 안에 달게 만든 소가 들어간 '도돌'은 인도

미얀마 시장에서 파는 대나무 찹쌀밥 '빠웅띤' ⓒWagaung from en.wikipedia.org

네시아와 말레이시아에서 유명한 간식이다.

동남아시아 전역에서 쉽게 찾아볼 수 있는 대나무 찹쌀밥은 우리나라의 죽통밥처럼 대나무 속을 찹쌀로 채우거나 각종 곡류 혹은 콩류로 만든 소를 찹쌀과 함께 넣어 불에 굽거나 쪄서 만든다. 이 대나무 찹쌀밥을 라오스와 태국에서는 '카오람', 미얀마에서는 '빠웅띤', 캄보디아에서는 '끄라란', 베트남에서는 '껌람', 인도네시아와 말레이시아에서는 '르망'이라고 부른다. 찹쌀밥은 이렇게 다양한 방법으로 주식과 간식으로 소비되고 있다.

아시아인의 주식이라고 알려진 쌀로 만든 음식은 지역에 따라, 그리고 이를 소비하는 사람들에 따라 다양하게 발전해왔다.

한 지역 음식의 특성은 고스란히 문화와 연결된다. 쌀의 종류가 다르듯 소비문화가 다르고, 그 다름이 아시아 각 지역의 정체성을 형성했다. 동남아시아의 역사와 문화는 사람과 환경에 따라 천차만별인지라 이 지역을 하나의 문화권으로 정의하기 어렵다. 다양한 사람들이 환경과 사회, 그리고 문화 안에서 보존하고 발전시킨 그들만의 고유성을 '동남아시아'라는 지역적 정체성으로 묶으려면, 사람과 환경의 '다양성'이 어떠한 '현지화' 과정을 거쳤고, 그 과정에서 어떻게 서로 비슷한 성격을 띠게 되었는지를 알아보는 작업이 선행되어야 한다.

　수많은 관광객이 동남아시아에 가면 커리나 조림 음식과 함께 하얀 쌀밥을 먹거나, 각종 채소와 육류, 해산물이 가미된 볶음밥 요리를 먹는다. 동남아시아라는 지역을 제대로 경험해보고 싶다면, 상상력을 뛰어넘는 재료와 조리법으로 만들어진 형형색색의 찹쌀밥 음식을 맛보라고 권하고 싶다. 그 모양이, 그 색이 낯설어 망설여진다면, 윤기가 흐르는 찰진 쌀밥 위에 새콤달콤한 망고가 사뿐히 얹어진 '카오니아오 마무앙'으로 시작해보면 어떨까?

필리핀 빙수 할루할로

필리핀의 대표적 디저트이자 간식인 '할루할로'를 소개하기에 앞서 고백하자면, 나는 아직 할루할로를 먹어본 적이 없다. 그런데도 처음 이 동남아시아 음식 이야기 시리즈를 기획할 때부터 막연하게나마 작업의 대미를 장식할 만한 음식이라고 생각했다. 친구들이 필리핀에 도착하자마자 소셜미디어에 올리는 사진 중 단연 눈을 사로잡는 음식이었다. 한 번도 먹어본 적도 없는 이 필리핀식 빙수에 대해서 더 알고 싶다는 욕심이 일단 있었고, 그 역사를 찾아보니 필리핀, 더 나아가 동남아시아라는 지역을 이해하는 데 이만큼 적합한 음식이 있을까 싶어 탄성이 절로 나왔다. 결국 그렇게 '할루할로'를 종착역으로 삼게 되었다.

필리핀의 '할루할로'는 눈이 호강하고 입이 즐거운 디저트다.

우베 아이스크림과 레체 플란을 얹은 할루할로. 친구가 마닐라로 놀러 오라며 사진을 보내주었다.

미국의 저명한 요리 평론가 앤서니 보데인은 필리핀의 대표적
패스트푸드 프랜차이즈인 졸리비(Jollibee)에서 이 할루할로를 먹
고 나서 '이상하게도 아름다운 맛'이라고 평했다. 이 필리핀식
빙수는 유럽의 파르페에 비견되고, 일본의 '카키고오리' 그리
고 한국의 '팥빙수' 혹은 '빙수'와 유사하다. 원조는 일본의 '카키
고오리'라고 하지만, 주재료인 얼음 위로 곁들어지는 고명 혹은
토핑이 할루할로를 필리핀 고유의 국민 간식으로 만들어준다.
　빙수에 고명을 얹고 달콤한 연유와 각종 시럽을 올린 디저트

에 도대체 무슨 이야기들이 숨어 있는 것일까? 일단은 할루할로가 어떻게 필리핀에서 만들어지고 인기를 얻게 되었는지 그 기원과 발전에 대해서 살펴보자. 그 후 유리컵 하나에 들어간 재료들이 보존하고 있는 필리핀 역사에 대해 알아보겠다.

알록달록 할루할로에 담긴 교류의 역사

필리핀의 할루할로가 일본 빙수 '카키고오리'로부터 시작됐다는 데에는 대체로 이견이 없어 보인다. 필리핀의 역사학자나 음식학자들은 1920년대에 필리핀에 이주한 일본 사람들이 간 얼음에 달콤한 시럽과 연유를 뿌리고 단팥이나 단 콩조림을 올려 '몽고야'라는 이름으로 팔기 시작했고, 이것이 할루할로의 시초가 되었다고 말한다.

일본인 이주민들이 고향에서 즐겨 먹던 빙수를 열대 지역인 필리핀에서 만들어 팔 수 있었던 이유는 그럴 만한 환경이 마련되어 있었기 때문이었다. 19세기 미국은 매사추세츠주에 있는 웨넘(Wenham) 호수의 물을 정제시켜 만든 얼음을 영국과 인도, 호주 등지에 수출했었는데, 이 얼음을 실은 배의 중간 기착지가 필리핀이었다. 그렇게 19세기 중반부터 필리핀 사람들은 얼음을 접할 수 있었다. 1898년 미국-스페인 전쟁으로 필리핀이 미국 식민지가 된 후 1902년에 마닐라에 미국 사업가가 첫 얼음 공장을 세우고 냉동고 시설을 보급하면서 얼음이 대중화될 수 있었고, 그래서 아이스크림 가게가 생겼다. 이 얼음 공장 주변에서 일본인 이주민들이 만들어 판 얼음 간식이 할루할로의 조상이다.

일본과 필리핀의 교류는 스페인이 필리핀을 통치하기 훨씬 이전부터 시작되었다. 처음 필리핀으로 이주한 일본인들은 주로 기독교인, 상인, 혹은 농부나 비숙련 노동자, 군인이었다. 스페인 통치가 시작되면서 스페인계 사람들과 상류층들은 마닐라에 인트라무로스라는 성벽 도시를 건설해 그 안에서 살았다. 필리핀 원주민과 일본인 이주민들은 성벽 밖에 살게 했다. 일본 이주민들은 다과, 의류, 신발 등을 팔거나 식당을 운영하는 등 소규모 자본으로 창업 가능한 사업들을 개척했다. 그러다 얼음이 대중화되면서 일본식 미츠마메(얼음에 우무와 팥, 과일 등을 넣고 시럽을 뿌려서 먹는 디저트)와 카키고오리(빙수)를 현지의 저렴한 재료로 만들어 '몽고야'라는 이름으로 팔기 시작했다.

할루할로의 직계 조상으로 알려진 '몽고야' 혹은 '몽고 콘 히엘로(얼음과 녹두라는 뜻의 타갈로그어)'라는 디저트는 우유와 설탕에 간 얼음을 놓고 그 위에 시럽에 졸인 녹두(타갈로그어로 '몽고')를 올린 것이다. 미국이 얼음 공장을 세우고 마닐라에 아이스크림 가게가 하나둘씩 생겨나고 있었지만, 여전히 얼음과 연유는 일본 이주민이나 필리핀 서민들에게는 고가의 음식 재료였다. 그래서 초기에는 연유 대신 우유와 설탕을 섞은 뒤 간 얼음 위에

미식 동남아

간 얼음과 단 콩조림, 절인 과일과 젤리가 들어간 기본 레시피로 만든 할루할로
ⒸElmer B. Domingo from en.wikipedia.org

뿌렸다고 한다.

1920년대에 본격화한 몽고야의 인기는 필리핀의 산업화에 따른 중산층 확대와 연관이 있다. 스페인 식민 통치 시기에 형성된 사회 계층 간 간극은 필리핀을 점령한 미국의 산업화 촉진 정책으로 새롭게 등장한 중산층으로 인해 좁혀졌다. 기존 필리핀 상류층이 즐겼던 '몽고 콘 히엘로' 역시 대중화되었다. 사적 모임이든 공적 모임이든 필리핀 중산층이 카페에서 커피를 마시며 이야기를 나누듯, 자연스럽게 할루할로를 먹으며 사람들을 만나고 사회 활동을 하게 된 것이다.

하지만 하루에 1달러도 벌지 못하는 다수의 필리핀 서민들에게 몽고야는 그림의 떡이었다. 그런 이들을 위해 '모노'라는 몽고야가 개발되어 1920~30년대에 많이 팔렸다고 한다. 필리핀 음식 평론가이자 역사가인 도린 페르난데스의 연구에 따르면 태평양 전쟁 이전 마닐라에서 간 얼음에 캐러멜시럽을 얹은 '모노'가 1쿠싱(스페인 통치 시기 화폐 단위. 1전이 안 됨)에 팔렸고, 1쿠싱을 더 내면 연유를 추가할 수 있었다고 한다.

1920년대부터 1930년대 말까지 일본인 이주민들이 만들어 파는 몽고야가 인기를 얻지만, 이후 '대동아 공영권' 건설이라는 미명하에 동남아시아를 침략·점령했던 일본이 패망하고 미국의 지배를 받으면서 일본인 상권은 마닐라에서 사라진다. 그리고 이듬해 1946년 필리핀은 미국으로부터 독립한다. 일본인 이주민이 만들어 팔던 '몽고야'가 본격적으로 현지화되기 시작한 것도 바로 이즈음이다. 인기 있던 일본식 디저트 가게들을 필리핀 현지인이 인수하고, 일본식 몽고야에 필리핀 현지에서 나는 신선한 과일과 채소, 그리고 커스터드나 아이스크림 등을 추가하면서 '섞는다'는 의미의 '할루할로'가 탄생했다.

'제국의 용광로' 필리핀의 음식 문화가 말해주는 것

할루할로에 들어가는 주재료는 우선 곱게 간 얼음, 연유와 설탕 혹은 시럽이다. 토핑으로는 단팥 혹은 단 콩조림, 코코넛 과육, 달콤하게 졸인 요리용 바나나인 '플랜테인(plantain)' 조각, 얌이라고 불리는 참마, 달걀로 만든 커스터드푸딩(custard pudding)인 '레체 플란' 그리고 참마로 만든 보라색의 '우베' 아이스크림, 우

미식 동남아

무로 만든 젤리, 코코넛 밀크로 만든 젤리, 대만식 버블티에 들어가는 타피오카, 잭프루트 과육, 그리고 '삐니삑'이라고 불리는 쌀밥 누룽지로 만든 가루 등이 있다. 이렇게 다양한 재료가 일본식 빙수 '몽고야'를 필리핀식 '할루할로'로 변신시키는 데 공헌했다. 이 중에서 우리가 눈여겨볼 만한 토핑이 바로 '레체 플란'과 '우베'다. 이들이 어떻게 할루할로의 주연배우가 되었는지를 알려면 '제국의 용광로' 필리핀의 역사를 간략하게나마 살펴볼 필요가 있다.

우수한 배 건조 기술과 화력을 가진 스페인과 포르투갈이 대항해 시대를 열었던 16세기, 스페인은 1565년 필리핀 중부의 세부 지역 점령을 시작으로 1898년까지 필리핀을 통치했다. 물론 그 이전부터 필리핀은 해양 국가로서 중국인, 말레이인, 아랍인, 그리고 일본인들과 교류하고 있었다. 다만 스페인의 통치가 333년간 이어지면서 스페인 문화와 종교의 영향을 가장 많이 받았다고 할 수 있다.

스페인 식민 통치의 잔재 중 하나가 바로 '메리엔다(merienda)'로 불리는 간식 문화다. 하루 세 끼 식사 외에 공복을 해소하고 에너지를 충전하기 위해 가벼운 식사 또는 간식을 먹는 것을 스페인어로 '메리엔다'라고 한다. 필리핀을 단순한 경제적 착취의 대상을 넘어 가톨릭교 전파의 요충지로 보았던 스페인 제국은 가톨릭 수사들이 전국 방방곡곡에 흩어져 현지인들을 개종하는 것을 장려했다. 전국에 흩어진 가톨릭 수사들은 개종을 목적

필리핀식 '레체 플란' ⓒJoost Nusselder from flickr.com

으로 종종 축제(fiesta)를 열었고 이때 스페인 음식과 사탕이나 과
자와 같은 간식을 제공했다. 메리엔다 문화는 이렇게 스페인 수
사들이 현지인들과 자유로운 소통을 위해 가진 모임을 통해 자
연스럽게 확산되었다.

　스페인 통치 시기 마을 축제에서 제공되었던 달콤한 간식 중
하나가 바로 레체 플란(leche flan)이다. 용기에 설탕을 넣고 약한
불에 녹여 캐러멜시럽을 만든 뒤 그 위에 달걀노른자, 연유, 우
유, 바닐라 시럽 등을 섞어 만든 반죽을 얹는다. 이를 찌거나 구
운 뒤 식혀서 먹는 커스터드푸딩 같은 디저트로 필리핀에서는
가족 모임이나 특별한 날에 먹는다. 이 레체 플란 조각은 할루
할로에 들어가 전체적인 풍미를 높여주는 동시에 부드러운 식

미식 동남아

감을 더해준다. 필리핀 할루할로 애호가들은 레체 플란을 할루할로의 꽃으로 여기면서도 그것이 스페인 통치의 유산이라는 것 역시 알고 있다.

최근 필리핀식 할루할로 트렌드의 두드러진 특징은 바로 '우베'로 통칭하는 자주색 참마로 만든 잼과 아이스크림이다. 타갈로그어로 '우베'는 자주색을 의미하는데, 주재료인 참마의 식감이나 색은 한국의 자색 고구마를 연상시킨다. 여기에 버터와 코코넛 밀크를 혼합하여 만든 잼(우베 할라야)과 아이스크림은 구황작물 특유의 텁텁함보다는 부드러운 크림 맛이 난다. 보통 할루할로를 만들 때 설탕이나 시럽이 담긴 긴 컵에 단 콩이나 과일, 젤리 등의 재료를 넣고 간 얼음을 넣은 뒤 레체 플란 조각과 우베 잼을 얹는다. 그 위로 연유와 각종 시럽을 붓는데 최근에는 우베 아이스크림 한 덩이를 추가한 뒤 쌀밥 누룽지로 만든 가루(삐니삑)나 콘플레이크를 올리는 할루할로가 점점 표준이 되어가고 있다고 한다.

'메리엔다'가 오후에 먹는 간식이라는 뜻인 만큼 할루할로도 오전보다는 느지막한 오후에 환영받는 간식이 되었다. 간 얼음에 캐러멜시럽, 단 콩조림, 연유만 들어간 몽고야는 이제 컵이 아니라 '그릇'에 담아서 먹을 정도로 꽤 덩치가 큰 간식이 되었기 때문이다. 앞서 말한 재료만 들어가도 도대체 얼마나 큰 컵이 필요한지 가늠이 안 된다.

할루할로의 기원과 현지화 과정, 그리고 대중화되는 과정을

필리핀 우베 아이스크림 ⓒMarife Altabano from en.wikipedia.org

되짚어보면 과연 할루할로의 다채로운 역사를 한꺼번에 담을
수 있는 그릇이 있을까 싶다. 1902년 미국인 사업가가 냉동 기
술을 보급하면서 얼음이 대중화되었고, 마닐라 주변부에서 소
규모 상권을 이루던 일본인 이주민들은 고향에서 먹던 단팥 혹
은 단 콩조림과 얼음이 들어간 몽고야를 만들어 팔았다. 1920년
대까지 여전히 고가의 이국적인 간식에 속했던 몽고야는 미국
의 산업화 정책의 결과로 성장한 필리핀 중산층에 의해 대중화
되었고, 일본 패망 후 필리핀 사람들은 이 몽고야를 필리핀만의
할루할로로 만들어냈다. 이 필리핀식 빙수 한 그릇에는 그 알록
달록한 색깔만큼이나, 입을 즐겁게 하는 다양한 식감과 맛만큼
이나 다채로운 역사가 뒤섞여 있다.

미식 동남아

마치지 못한 숙제, 남은 이야기들

미리 고백했듯이 나는 아직 할루할로를 먹어본 적이 없다. 그런데도 이 글을 쓴 이유는 스스로 숙제로 남겨두고 싶기 때문이다. '동남아시아의 음식 문화'라는 주제로 총 24개의 음식을 소개했지만, 동남아시아라는 너무나 다양하고 역동적인 지역을 이해하기에는 여전히 부족하다. 글을 쓰면서 다양한 자료들을 찾아보았고 그 과정에서 새로운 사실들을 많이 배웠다. 그동안 아무렇지도 않게 주문해서 먹었던 국수 한 그릇에, 밥 한 그릇에 이렇게 많은 이야기가 있다니. 과연 내가 이제까지 공부한 역사가 전부일까 하는 생각도 하게 되었다. 할루할로는 그래서 나 자신에게 내는 숙제이자, 동남아시아를 바라보는 새로운 관점과 소재들을 끊임없이 찾겠다는 약속이다.

감사의 말

요즘에는 맛집을 찾아가거나 특이한 음식을 먹으면 바로 사진을 찍어서 소셜미디어에 올리는 일이 흔해졌다. 여행지에서 현지 음식을 찍고 간단한 설명을 덧붙인 블로그 글들을 어렵지 않게 찾아볼 수 있다. 나도 친구, 동료들 사이에서 음식 사진을 꽤 많이 찍는 걸로 유명하다. 그래서 책에 들어갈 사진 구하기가 그리 어렵지 않을 거로 생각했다.

그런데 아니었다. 분명히 찍어두었다고 생각했던 사진이 아무리 찾아봐도 보이지 않았고, 언제 어떤 음식을 찍었는지 기억도 가물가물했다. 글쓰기만큼이나 길고 지루한 여정은 그렇게 시작되었다. 디지털카메라를 처음 샀을 때 찍은 수십 년 전 사진을 들여다보며 추억 여행에 빠지기도 하고, 적당한 컷이 없어 사진 수천 장을 뒤지며 난감해하기도 했다.

미식 동남아

결국 유학 시절에 함께 요리하고 음식을 준비하고 수다를 떨던 친구들에게 도움을 청했다. 현지 조사를 다녀온 동료와 학생들에게도 휴대폰에 저장된 사진 앨범을 한 번만 더 확인해달라고 졸랐다. 그래도 여전히 부족해서 나와 같은 'foodie(식도락가)'가 온라인에 공유한 사진들도 가져왔다. 그렇게 완성된 《미식 동남아》이기에 감사의 말로 시작해야 마땅하다.

무엇보다도 동남아시아 음식 세계의 문을 열어주시고 오랜 시간을 함께해준 태국어 선생님, 깐니까 엘보우(Kannikar Elbow)님께 감사의 말씀을 전한다. 지금은 옆에 계시지 않지만 함께 채소를 다듬고 마늘과 고추를 빻으며 나눴던 이야기들 덕분에 이 책이 나올 수 있었다.

유학 시절부터 지금까지 한결같이 나의 음식 이야기에 관심을 갖고, 밤새도록 수다를 떨어주던 친구들이 사진을 나눠줬다. 데이비드 데트만(David Dettmann)과 라 시파나웡(La Sripanawongsa)은 동남아시아뿐만이 아니라 중국, 일본, 중앙아시아, 북아프리카 음식 레시피를 공유하고 요리했던 절친들이다. 특히 개인 음식 블로그를 운영하는 데이비드 데트만은 다양한 음식 재료 사진을 공유해줬다. 인도네시아 친구 엘리자베스 아띠 울란다리(Elisabeth Arti Wulandari)와 께뚯 에디 다누수기따(Ketut Edy Dhanusugita)는 집 근처 식당 음식과 자신들이 종종 먹는 음식 사진을 아낌없이 보내줬다.

이 책을 완성하는 데 가장 많은 도움을 준 이들이 바로 서강

대학교 동아연구소 동료들과 동남아시아학 협동과정 학생들이다. 이한우, 정정훈, 박정훈 선생님은 각각 베트남, 인도네시아 전문가들로, 현지 조사와 출장을 갔을 때 찍었던 사진들을 실시간으로 공유해주셨다. 현지 발음을 가르쳐주시고 그 음식이 현지인들에게 어떤 의미가 있는지도 알려주셨다. 박성민, 김정현, 조성미 학생은 현지 조사를 하면서 혹은 여행을 하면서 찍었던 사진들을 신중하게 골라 전해주었다. 앞으로 한국 동남아시아학의 미래를 이끌어 나갈, 반짝반짝 빛나는 보석 같은 존재들이다. 부산에서 만난 소중한 인연을 수라바야까지 함께한 구보경, 문기홍 선생님도 현지 조사할 때 찍었던 사진들을 아낌없이 나누어주셨다. 소중한 이름들을 이 책에 올릴 수 있어서 정말 행복하다. 이외에도 정말 많은 사진과 추억이 도착했다. 모두 다 실을 수가 없어 한참을 고민하면서 고르고 골랐다. 다시 한번 고맙다는 말씀을 드린다.

　여기 실린 이야기와 장면들은 모두 수십 년의 시간과 여러 사람의 노력이 함께 만들어낸 것이다. 덕분에 단연코 내 인생에서 가장 아름다운 기억만을 담은 책으로 남을 것이다. 그런 선물을 해준 모두에게 맛난 것 자주 먹고 행복하게 잘 살자고 전하고 싶다.

　　　　　　　　　　　　　　　　　　　미식 동남아